JEAN DE LA FONTAINE

Fábulas de La Fontaine

ILUSTRADAS POR GUSTAVE DORÉ

Grupo Editorial Tomo, S. A. de C. V.
Nicolás San Juan 1043
03100 México, D. F.

1a. edición, octubre 2002.
2a. edición, agosto 2007.

© *Les Fables de La Fontaine*
Jean de La Fontaine
Grupo Editorial Tomo, S.A. de C.V.
Proyecto y traducción: Rafael Rutiaga

© 2007, Grupo Editorial Tomo, S.A. de C.V.
Nicolás San Juan 1043, Col. Del Valle
03100 México, D.F.
Tels. 5575-6615, 5575-8701 y 5575-0186
Fax. 5575-6695
http://www.grupotomo.com.mx
ISBN: 970-666-622-2
Miembro de la Cámara Nacional
de la Industria Editorial No 2961

Diseño de Portada: Karla Silva
Formación Tipográfica: Rafael Rutiaga
Supervisor de producción: Leonardo Figueroa

Impreso en México - *Printed in Mexico*

Prólogo

Jean de La Fontaine nació en Chateau-Thierry, pequeña ciudad de la Champagne, el 8 de julio de 1621. Su padre, Carlos, era administrador de aguas y bosques; su madre se llamaba Francisca Pidoux. Jean fue un niño amable e indolente, que estudiaba sin revelar su ingenio. A los veinte años, después de leer algunos libros devotos, pensó que tenía vocación para la carrera eclesiástica, y entró en el Seminario de Saint-Magloire, donde sólo estuvo un año. En casa de sus padres llevó la vida ociosa y frívola que debilita a los jóvenes, sobre todo en provincia. Para hacerlo entrar en razón, lo casaron, y su padre le dio la sustitución de su empleo. Había cumplido veintiséis años, y aún no lo había tentado la musa de la poesía.

Cuando escuchó por casualidad una oda de Malherbe, se le despertó el gusto por la poesía. Leyó con entusiasmo todos los versos de aquel poeta, y trató de imitarlos; pero Malherbe, a pesar de su valor, no era adecuado para La Fontaine. Entonces, dos amigos, Pintrel y Maucroix, lo indujeron a la lectura de los verdaderos modelos. Platón y Plutarco, entre los antiguos, eran sus autores preferidos; leía las traducciones, porque no sabía griego; Horacio, Virgilio y Terencio lo hechizaron; entre los modernos, se aficionó a Rabelais, Marot, Des Periers, Mathurin Regnier y Urfe, cuya *Astrea* le causó un gran placer.

Aunque ya era un hombre casado, su carácter siguió inestable. María Héricart, con quien lo casaron en 1647, tenía talento y hermosura, pero le faltaban el tacto y la firmeza necesarios para motivar a su marido. Mientras ella leía novelas, La Fontaine buscaba distracciones fuera de casa, o pensaba en sus versos y en los de sus poetas favoritos. El patrimonio de aquella pareja imprevisora muy pronto se vio comprometido. Además, el padre de La Fontaine le dejó algunas deudas. Así que nuestro poeta, poco versado en cuestiones de intereses, incapaz de imponerse privaciones, y sin tener quien lo auxiliara y dirigiera, se comió, como alegremente decía él mismo, su capital y sus rentas.

Sus primeros ensayos eran versos de ocasión, que alababan mucho en Chateau-Thierry; después se atrevió a escribir una comedia, pero sin inventiva, ya que tomó una pieza de Terencio y sólo cambió los nombres de los personajes y algunas otras cosas. Esta obra no se puso en escena, pero se publicó, y con ella dio a conocer su nombre por primera vez. Ya tenía treinta y tres años.

Después, un pariente suyo, J. Jannart, que era Consejero del Rey, le presentó a Fouquet, a quien servía de sustituto en el Parlamento de París. Al Superintendente le gustaban los literatos, los recibía con agrado y los pensionaba generosamente. La Fontaine se convirtió en el poeta predilecto de Fouquet y recibió una pensión de mil libras a cambio de versos; desde entonces asistió a todas las fiestas con los ojos deslumbrados, el corazón conmovido y el ingenio avivado.

Los fragmentos del *Sueño de Vaux* fueron la primera revelación de un talento que se elevaría a la altura del genio. La gratitud fue su primera musa, pero el dolor lo inspiró más; la *Elegía a las ninfas de Vaux*, sobre la desgracia del Superintendente, lo puso al nivel de los grandes maestros. En la desgracia de Fouquet, La Fontaine lloraba algo más que la pérdida de sus goces y esperanzas; lloraba el infortunio de un hombre a quien, además de estarle agradecido, quería sinceramente.

Entonces La Fontaine regresó a la vida de familia cuando estaba menos dispuesto que nunca a cumplir sus deberes. Con tal carácter, es claro que La Fontaine debía aprovechar con gusto cualquier ocasión para alejarse de su familia y de Chateau-Thierry, que era para él como una sepultura. Para no aburrirse fue a Limoges con su pariente Jannart, que estaba desterrado con madame Fouquet, de quien era administrador. Contó este viaje en una serie de cartas, llenas de bonitos versos e impregnadas de buen humor, dirigidas a su mujer. Su permanencia en Limoges fue corta. Luego compartía su tiempo entre París y Chateau-Thierry.

Por aquella época convivió con Racine, su compatriota de la Champagne y del mundo de la poesía. Debió entablar amistad con él por medio de Molière, a quien La Fontaine había conocido y admirado en casa de Fouquet. Racine le presentó a Boileau, y ya conocía a Chapelle, gran promovedor de francachelas y orgías. La vida disipada lo alejó de su esposa, que muy pronto dejó de acompañarlo a París.

La Fontaine tenía más de cuarenta años, y aparte de su desabrida comedia imitada de Terencio, y de su admirable elegía a Fouquet, no era más que un ingenio discreto y un poeta de salón. Sin embargo, obtuvo entonces el cargo de gentil-hombre al servicio de la duquesa de Orleans, viuda de Gastón, hermano de Luis XIII. La pequeña corte de Luxemburgo, a falta de la corte del gran Rey, acogía a La Fontaine, que vivió en ella con grata familiaridad. La condesa de Bouillón, a quien había conocido La Fontaine en Chateau-Thierry, le aconsejó aplicar la poesía a los cuentos alegres y galantes que Ariosto y Boccaccio tomaron de nuestros antiguos trovadores. Este consejo, seguido con entusiasmo, reveló a La Fontaine una de las venas de su genio poético y lo puso en la vía del apólogo. Su primer cuento fue *Joconda*. Aquel relato, imitado libremente de Ariosto, dio lugar a un debate literario, y Boileau rompió lanzas en favor de su amigo contra otro imitador que le oponían, y que después quedó olvidado. Luego La Fontaine escribió otras historietas igual de ingeniosas y libres.

El talento, ya reconocido y apreciado de La Fontaine, le hubiera valido la protección de Luis XIV, pero su tipo de vida irregular y la índole de sus últimas poesías no se ganaron la simpatía del monarca y del rígido Colbert. Sólo con prometer ser juicioso, darían crédito a su palabra, tendría acceso a los favores reales y encontraría abiertas las puertas de la Academia. Y como no tenía la conciencia muy tranquila, trató de purgar sus faltas con obras irreprochables. Sin haber sido invitado, quiso contribuir a la instrucción moral y al entretenimiento del Delfín, cuya educación comenzaba. Era un modo honroso de servir a la corte y de purificarse. La elegancia de Fedro y la sencillez de Esopo lo habían seducido, y quiso imitarlos.

La colección de sus fábulas, formada por seis libros, salió a luz en 1668 con el modesto título de *Fábulas de Esopo, puestas en verso por M. de La Fontaine,* y estaba dedicada al Delfín. Esta dedicatoria nos revela el propósito secreto del poeta; más tarde ayudaría a la educación del nieto de Luis XIV por conducto de Fenelón.

La imprevisión de La Fontaine debía provenir en algún modo de la confianza en sus amigos, que en verdad nunca lo abandonaron. Cuando la muerte le arrebató la protección de la duquesa de Orleans, fue recibido por la señorita de La Sablière, cuya generosidad atendió a todas sus necesidades.

La señorita de La Sablière ejerció un verdadero patronato sobre los sabios y literatos. Su casa estaba siempre abierta para ellos, y también su gaveta para alentar sus obras. Sauveur, Boberval y Bernier disfrutaron su discreta generosidad. Amaba las ciencias y estaba enterada de ellas sin ostentarlo. La Fontaine fue, hasta los setenta y dos años, el genio familiar del palacio de la señorita de La Sablière. Allí pasó veinte años en completa seguridad, al principio, en el trato de una sociedad selecta de escritores y de sabios, y después como huésped distinguido, haciendo por sí mismo los honores de la casa a la reunión algo heterogénea que sabía atraer durante los largos periodos de religioso retiro de la señora, entregada ya totalmente a la salvación de su alma.

Las primeras fábulas de La Fontaine fueron bien aceptadas, así que se animó a escribir otras, y tuvo la fortuna, rara entre poetas, de que cada una de sus nuevas publicaciones aumentara su prestigio. También escribió novelas, como *Psiquis*, y algunas obras dramáticas.

Siempre dispuesto a seguir los consejos de sus amigos, prestó oídos imprudentemente al maligno Lulli, que le pedía de prisa el libreto de una ópera. Le decía que la música sería un portento, que la corte elevaría a las nubes al compositor y al poeta, y que éste obtendría, además del triunfo brillantísimo, fuertes derechos de autor. La Fontaine comenzó la obra bajo la inspección de Lulli, que lo apremiaba y le imponía cada día nuevas correcciones; el poeta se prestaba dócilmente a aquel trabajo acelerado, y también a las modificaciones. Cuando terminó la obra, supo que su desleal instigador lo dejaba plantado y estaba poniendo en música la *Proserpina* de Quinault. ¡Qué disgusto el suyo y qué desesperación! ¡Cuatro meses de trabajo completamente perdidos; y tras tantos ruegos y tantas instancias, aquel imprevisto abandono, aquel engaño traidor! ¡Cuántos motivos de agravio contra el amigo desleal! La Fontaine no pudo sufrirlo, y le escribió una sátira impregnada de amarguísima hiel; pero aquel arranque violento no perseveró. Madame de Thianges gestionó una reconciliación entre el culpable y el ofendido, lo cual no fue difícil, porque Lulli era hombre muy acomodaticio, y La Fontaine muy poco rencoroso. Un resentimiento era carga molesta para él, así es que en toda su vida no guardó rencor a nadie; si sus amigos se indisponían entre sí, él continuaba siendo amigo de todos.

Lo que La Fontaine escribió fuera del área de su vocación no daña su fama; pasa inadvertido en el resplandor de su gloria de fabulista. La Fontaine se inspiró en los orígenes griegos, latinos y orientales del apólogo; Esopo, Fedro y Bidpaï fueron sus principales modelos.

La originalidad de La Fontaine no sólo estriba en el giro especial de su imaginación y de su ingenio, sino también en el lenguaje más rico, flexible y natural.

La Fontaine alcanzó el honor de presentar su segunda colección de fábulas a Luis XIV, y obtuvo un privilegio muy honroso para su publicación. Nuestro poeta iba modificando su conducta, y por consideración sin duda a su bienhechora, evitaba cualquier escándalo. Otro móvil lo impulsaba: tenía el secreto afán de entrar en la Academia; con esta esperanza, hizo el sacrificio de elogiar a Colbert, que había sido el instrumento apasionado de la pérdida de Fouquet. La Academia se mostraba a favor de La Fontaine, tanto que, a la muerte de Colbert, ocurrida a poco de dedicarle sus elogios, prefirió al fabulista en lugar de Boileau, a quien apoyaba el favor real. Aquella elección ni fue anulada ni confirmada, y dejaron pasar tiempo, hasta que, al haber otra vacante por la muerte de otro inmortal, Boileau y La Fontaine entraron juntos en la Academia; Boileau sin hacer antesala, La Fontaine después de esperar un año.

La Academia llenó una de las aspiraciones más vehementes de La Fontaine; lo atraían a ella la amistad de sus colegas y el amor a las letras. Se hizo notar por la exactitud de su asistencia a las sesiones, a las que siempre llegaba a tiempo para cobrar los señalados gajes. Una vez se retrasó (sin duda porque tomó el camino más largo); el reglamento era terminante, pero los presentes, sabiendo que aquel corto estipendio semanal era casi lo único que entraba en el bolsillo de su colega, propusieron no hacer caso de la prescripción reglamentaria; La Fontaine no aceptó y se mantuvo inflexible. Este rasgo heroico no impidió que Furetière, en sus disputas con la Academia, lo acusara de que sólo asistía a las sesiones para cobrar su tanto.

La Fontaine se vio envuelto en otro debate académico: el proceso entre los autores antiguos y los modernos, promovido en plena Academia por Ch. Perrault. Aquella contienda exasperó a Boileau y a Racine. Se puso a su lado La Fontaine, con menos calor, aunque con la misma decisión, de modo que los tres mejores argumentos que hubiese podido emplear en apoyo de su tesis el panegirista de los modernos, se volvieron contra él.

En el tiempo que Madame de La Sablière se ocupó de La Fontaine, sólo se le acusó de algunas faltas veniales, pero cuando ella cerró sus salones, abandonada por el marqués de La

Fare, y se entregó a las prácticas devotas, el viejo niño usó y abusó de su libertad, como estudiante en vacaciones. Los príncipes de la casa de Vendome, que se divertían en el Temple como verdaderos templarios, lo atrajeron a sus festines y lo arrastraron con sus ejemplos. Nuevas seducciones mantuvieron hasta más allá de lo regular su afición a los placeres de otra edad. Da tristeza conocer sus flaquezas, pero no hay inconveniente en mencionarlas, puesto que fueron expiadas por un arrepentimiento sincero.

Una enfermedad grave advirtió a La Fontaine de que había llegado la hora de abandonar los placeres mundanos y pensar en bien morir. Nunca, ni en lo más vivo de sus disipaciones, había perdido el respeto a la religión, la descuidaba, pero no la menospreciaba, y aunque tardó mucho en reconocerse, al fin se reconoció por completo, con todo el fervor de aquella piedad que tomó en su juventud por vocación religiosa. Racine, que había reparado hacía largo tiempo los pasajeros extravíos de la edad juvenil, asistió a su amigo en aquella enfermedad y procuró su reconciliación con la Iglesia. Él fue quien condujo a la cabecera del enfermo a aquel viejo confesor, a quien La Fontaine proponía ingenuamente invertir en limosnas el precio de los ejemplares que tenía que entregarle un librero, de una nueva edición de sus *Cuentos*. El mal se agravaba; un vicario joven de San Roque, el abate Poujet, se encargó de llevar a buen término la penitencia de La Fontaine; lo encontró en las mejores disposiciones; el enfermo consintió en confesar y deplorar ante una comisión de la Academia sus pecados literarios; además se comprometió a no tratar, si sobrevivía, más que asuntos de moral o de religión; y sacrificó, por último, a los escrúpulos de su director espiritual y de la Sorbona una comedia en verso, que estaba aguardando el teatro, y que estimaba el poeta como a un hijo de su vejez; sacrificio bien meritorio, porque lo hacía con grandes esfuerzos. Nadie pudo dudar de la sinceridad de aquella conversión. La Fontaine recibió los últimos Sacramentos, y cuando corrió la voz de que había fallecido, se dijo que había muerto como un santo. Aquello era equivocado; recuperó la salud, con la paz del alma, y tuvo tiempo para probar su buena fe y su arrepentimiento. Al observar las fases de aquella solemne preparación a la muerte, una cosa sorprende y aflige: junto al lecho del moribundo está la Academia, el clero, muchos amigos, pero no una esposa o un hijo; la indiferencia de La Fontaine ¿había sido contagiosa para su familia?

Cuando La Fontaine se recuperaba, moría Madame de La Sablière en los Incurables, adonde se había retirado. Apenas restablecido La Fontaine, tuvo que dejar la morada que le había dado asilo durante veintidós años. Salía de ella cuando encontró a M. d'Hervart, que iba a proponerle que fuera a su casa de la calle Plâtriére. En aquella magnífica mansión, decorada por el pincel de Mignard, pasó tranquilamente La Fontaine los dos años que le quedaban de vida. Iba aún a la Academia, pero más a menudo a la Iglesia; versificaba algunos salmos, parafraseaba poéticamente el *Dies irae*, y recobraba a veces la inspiración de su edad madura para escribir nuevas Fábulas. Fenelón lo asociaba a la educación del joven duque de Borgoña. Éste sugería los asuntos, que el bonachón poeta ponía en verso con infantil reconocimiento; el preceptor y su real alumno rivalizaban en cuidados y atenciones para complacer al amable anciano, que en su conversión no había perdido ni la franqueza de su carácter, ni el agrado de su talento.

La Fontaine se extinguió poco a poco, después de algunos meses de extremada debilidad. El 13 de febrero de 1695, a la edad de setenta y cuatro años, Racine lo vio morir con sincero dolor, y Fenelón, lleno de amargura, fue el intérprete elocuente de la admiración de sus contemporáneos.

El cuervo y el zorro

Posado en un árbol estaba el señor cuervo, y tenía en el pico un rico queso. Atraído por el aroma, el señor zorro le habló en estos términos:

—¡Buenos días, señor cuervo! ¡Eres gallardo y hermoso en verdad! Si el canto corresponde al plumaje, creo que entre los habitantes de este bosque tú eres el ave fénix.

Cuando el cuervo escuchó estas palabras, no cabía en sí de gozo, y para hacer alarde de su magnífica voz, abrió el pico, y dejó caer el queso. Lo agarró el zorro, y le dijo:

—Aprende, señor cuervo, que el adulador vive siempre a costas del que le cree; la lección es provechosa; bien vale un queso.

El cuervo, avergonzado y molesto, juró, aunque un poco tarde, que no lo engañarían otra vez.

La rana que quiso ser como un buey

Vio una Rana a un buey, y le agradó su corpulencia. La pobre no era mayor que un huevo de gallina, y por envidia quiso hincharse hasta igualar en tamaño al fornido animal.

—Miren, hermanas —decía a sus compañeras—; ¿es bastante? ¿No soy tan grande como él?

—No.

—¿Y ahora?

—Tampoco.

—¿Ya lo logré?

—¡Aún te falta mucho!

Y la infeliz se hinchó tanto que reventó.

El mundo está lleno de personas que no son más avisadas. Cualquier ciudadano de la clase media se da ínfulas de gran señor. No existe principillo sin embajadores. Ni hay marqués alguno que no lleve pajes.

El lobo y el perro

Había un lobo tan flaco, que tenía la piel pegada a los huesos a causa de la vigilancia de los perros de ganado. Encontró a un mastín, rollizo y lustroso, que andaba perdido. Atacarlo y destrozarlo era algo que podía hacer de buen gusto el señor lobo; pero había que trabar dura batalla, y el enemigo tenía trazas de defenderse bien. Entonces el lobo se le acerca humildemente, entabla conversación con él, y lo felicita por sus buenas carnes.

—No estás tan bien como yo, porque no quieres —contesta el perro—. Deja el bosque; los tuyos, que en él habitan, son unos desdichados, siempre muertos de hambre. ¡Ni un bocado seguro! ¡Todo a la suerte! Sígueme y tendrás mejor vida.

—¿Y qué tendré que hacer? —preguntó el lobo.

—Casi nada —repuso el perro—; acometer a los pordioseros y a los que llevan bastón o garrote; acariciar a los de casa y complacer al amo. Tan sólo con esto, tendrás como pago las sobras de todas las comidas, huesos de pollos y pichones; y además algunas caricias.

El lobo al escuchar esto se imagina un futuro glorioso, que lo hace llorar de alegría.

Mas al caminar, advirtió que el perro tenía el cuello desollado.

—¿Qué es eso? —le preguntó.

—Nada.

—¡Cómo nada!

—Poca cosa.

—Algo será.

—Tal vez la señal del collar al que me amarran.

—¡Amarrado! —exclamó el lobo—; entonces, ¿no vas y vienes por donde quieres?

—No siempre, pero eso ¿qué importa?

—Importa tanto, que renunciaría al mayor tesoro a ese precio.

Después echó a correr. Y todavía sigue corriendo.

La cigarra y la hormiga

La cigarra cantó todo el verano, y al llegar el invierno no tenía ni una mosca ni un gusano. Muy hambrienta fue a llorar con su vecina, la hormiga, y le pidió que le prestara un poco de grano para mantenerse hasta la estación siguiente.

—Te lo pagaré con réditos antes de que llegue el mes de agosto —le decía.

Pero la hormiga no es generosa, ese es su menor defecto.

—¿Qué hacías cuando había buen tiempo? —preguntó a la pedigüeña.

—No quisiera incomodarte —le contestó—, pero la verdad es que cantaba día y noche.

—¡Me parece bien! Pues así como entonces cantabas, baila ahora.

La cigarra y la hormiga

Las alforjas

Júpiter dijo un día:

—Comparezcan a los pies de mi trono todos los seres que habitan el mundo. Si en su naturaleza encuentran alguna falta, díganlo sin miedo, que yo pondré remedio. Ven aquí, mono, habla tú primero. Tienes motivos para este privilegio. Observa a los demás animales y compara sus perfecciones con las tuyas. ¿Estás contento?

—¿Por qué no? ¿No tengo cuatro patas, igual que los demás? No puedo quejarme de mi figura; no soy como el oso, que parece medio esbozado nada más.

Llegó el Oso, y todos pensaron que se iba a quejar, pero no lo hizo; alabó mucho su buena figura, y comenzó a criticar al elefante. Dijo que estaría bien alargarle la cola y recortarle las orejas, y que tenía un cuerpo feo y sin forma.

El elefante, a pesar de la fama que goza de discreto, dijo cosas parecidas: opinó que la señora ballena era muy gorda. La hormiga, por su lado, halló al piojo muy pequeño.

Júpiter, al ver cómo se criticaban entre ellos, los despidió satisfecho con su conducta. Pero entre los más insensatos, se dio a conocer nuestra especie humana. Linces para observar los defectos de nuestros semejantes y topos para los nuestros; nos lo dispensamos todo, y a los demás nada.

El Supremo creador nos hizo a todos con alforjas, tanto a los de antaño como a los modernos; la de atrás para los defectos propios; la de adelante para los ajenos.

Los dos mulos

Iban dos mulos caminando, uno cargaba avena y el otro llevaba el dinero de los impuestos. Envanecido el segundo de tan preciosa carga, por nada del mundo quería que se la quitaran. Caminaba con paso firme y hacía sonar los cascabeles. En esto, se presentan unos bandidos, y como buscaban el dinero, un pelotón se echó sobre el mulo, lo agarró del freno y lo detuvo. Al defenderse el animal, lo acribillan, y el pobre gemía y exclamaba:

—¿Esto es lo que me prometieron? El mulo que me sigue escapa al peligro; ¡yo caigo en él y perezco!

—No siempre es conveniente tener un buen empleo —le dijo el otro—; si hubieras servido, como yo, a un simple molinero, no estarías en problemas.

Los dos mulos

La ternera, la cabra y la oveja, en sociedad con el león

La ternera, la cabra y la oveja se asociaron, en tiempos de antaño, con un fiero león, señor de aquella comarca, poniendo entre todos pérdidas y ganancias. En los lazos de la cabra cayó un ciervo, y al momento avisó a sus socios. Se presentaron éstos, y el león contó con las garras.

—Somos cuatro para el reparto —dijo, y despedaza en cuartos el ciervo—. Tomo el primero, como rey y señor, pues no hay duda en que debe ser para mí, porque me llamo león. El segundo me corresponde también por derecho: ya saben cual derecho, el del más fuerte. Por ser el más valiente, exijo el tercero. Y si alguno de ustedes toca el último, caerá bajo mis garras.

La golondrina y los pajaritos

Una golondrina había aprendido muchas cosas en sus viajes. Nada mejor que eso para conocer. Preveía hasta las menores borrascas, y antes de que estallaran, las anunciaba a los marineros. Sucedió que, al llegar la época para sembrar el cáñamo, vio a un labriego que echaba el grano en los surcos.

—No me gusta eso —dijo a los otros pajaritos—. Lo siento por ustedes. En cuanto a mí, no me asusta el peligro, porque sabré alejarme y vivir en otra parte. ¿Ven esa mano que echa la semilla al aire? Llegará el día, y no está lejos, en que ha de ser su perdición lo que va esparciendo. De ahí saldrán lazos y redes para atraparlos, utensilios y máquinas, que serán para ustedes prisión o muerte. ¡Dios nos proteja de la jaula y de la sartén! Lo mejor es —continuó la golondrina— que se coman esa semilla. Háganme caso.

Los pajaritos se burlaron de ella; ¡había tanto que comer en cualquier parte! Cuando verdearon los sembrados del cáñamo, la golondrina les dijo:

—Arranquen todas las hierbas que han nacido de esa mala semilla, o estarán perdidos.

—¡Agorera fatal! ¡Charlatana! —le contestaron—. Nos propones una faena muy difícil. Se necesitarían miles de nosotros para arrancar toda esa hierba.

Cuando el cáñamo estuvo bien crecido dijo la golondrina:

—¡Esto va mal! La mala semilla ha sazonado rápido. Pero, ya que no me han hecho caso, cuando vean que está terminada la trilla, y que los labradores, libres ya del cuidado de la cosecha, hacen guerra a los pájaros y tienden redes por todas partes, no vuelen de un lado a otro, permanezcan quietos en el nido o emigren a otros países, igual que el pato, la grulla y el ave zancuda. Pero la verdad es que no podrían cruzar, como nosotras, los mares y los desiertos; lo mejor será que se oculten en los agujeros de las paredes.

Los pajaritos, cansados de oírla, comenzaron a platicar, como hacían los troyanos cuando hablaba la infeliz Casandra. Y les pasó lo mismo que a los troyanos, muchos quedaron presos.

Así nos sucede a todos; sólo atendemos a nuestros gustos, y no damos crédito al mal hasta que lo tenemos sobre nosotros.

La golondrina y los pajaritos

15

El hombre y su imagen

Al duque de la Rochefoucauld

Un hombre enamorado de sí mismo, y sin rival en las lides amorosas, se creía el más gallardo y hermoso del mundo. Acusaba de falsedad a todos los espejos, y vivía muy contento con su falaz ilusión. La suerte, para desengañarlo, ponía ante sus ojos, en todas partes, esos mudos consejeros que usan las damas; espejos en las habitaciones, en las tiendas, en los bolsillos de los jóvenes elegantes y hasta en el cinturón de las señoras. ¿Qué hace nuestro Narciso? Se esconde en los lugares más ocultos, sin atreverse a sufrir la prueba de ver su imagen en el cristal. Pero un canalillo que llena el agua de una fuente, corre a sus pies en aquel retirado paraje; se ve en él, se exalta y cree divisar una imagen ilusoria. Hace lo que puede para no verla, pero era tan bello aquel arroyo, que le apenaba dejarlo.

Comprenderán a dónde voy a parar; a todos me dirijo: esa ilusión de que hablo, es un error que alimentamos complacidos. Nuestra alma es el hombre enamorado de sí mismo; los espejos, que en todas partes hay, son las necedades ajenas, que reflejan las propias; y en cuanto al canal, cualquiera lo adivinará: es el *Libro de las Máximas.**

*Obra famosa y clásica del duque de la Rochefoucauld, amigo y protector de La Fontaine.

El ratón de ciudad y el de campo

Cierto día un ratón de la ciudad invitó a comer muy amablemente a un ratón del campo. El banquete estaba servido sobre un elegante tapiz; imagínese el lector si la pasarían bien los dos amigos.

La comida era magnífica; nada les hacía falta. Pero la fiesta terminó mal. Oyeron ruido en la puerta los comensales; el ratón de la ciudad echó a correr, y el ratón del campo salió de inmediato tras él.

Cuando ya no oyeron ruidos, regresaron los dos ratones.

—Acabemos —dijo el de la ciudad.

—¡Basta ya! —replicó el del campo—. ¡Que te hagan buen provecho tus regios festines!, no los envidio. Mi comida pobre la engullo tranquilo, sin que nadie me moleste. ¡Adiós, pues! Placeres con zozobra valen poco.

El ratón de ciudad y el de campo

El dragón de muchas cabezas y el de muchas colas

Un embajador del Gran Turco se vanagloriaba, en el palacio del Emperador de Alemania, de que las fuerzas de su soberano eran mayores que las de este Imperio. Un alemán le dijo:

—Nuestro Príncipe tiene vasallos tan poderosos que cada uno puede mantener un ejército.

El embajador, que era varón sensato, le contestó:

—Conozco las fuerzas que puede armar cada uno de ellos, y esto me trae a la memoria una aventura, algo extraña, pero muy cierta. Estaba en un lugar seguro, cuando vi pasar a trvés de unos arbustos las cien cabezas de una hidra. La sangre se me helaba, y no era para menos, pero todo quedó en susto; el monstruo no pudo sacar el cuerpo adelante. En eso, otro dragón, que sólo tenía una cabeza, pero muchas colas, asomó por el seto. ¡No fue menor mi sorpresa, ni tampoco mi espanto! Pasó la cabeza, el cuerpo y las colas sin tropiezo; esta es la diferencia que hay entre su Emperador y el nuestro.

El lobo y el cordero

La razón del fuerte siempre es más importante, como lo verán en un instante.

Un corderillo sediento bebía en un arroyuelo. De pronto llegó un lobo en ayunas, buscando pendencias y atraído por el hambre.

—¿Cómo te atreves a ensuciarme el agua? —dijo enojado al corderillo.

—No se moleste su majestad —contestó el cordero—, considere que estoy bebiendo en esta corriente veinte pasos más abajo, y no podría enturbiarle el agua.

—Sí me la enturbias —gritó el feroz animal—; y me consta que el año pasado hablaste mal de mí.

—¿Cómo podría hablar mal, si no había nacido? No estoy destetado todavía.

—Si no eras tú, sería tu hermano.

—No tengo hermanos, señor.

—Pues sería alguno de los tuyos, porque me tienen mala voluntad todos ustedes, los pastores y los perros. Lo sé muy bien, y tengo que vengarme.

Dicho esto, el lobo lo agarra, se lo lleva a la espesura del bosque y se lo come, sin más explicaciones.

El lobo y el cordero

Simónides ayudado por los dioses

Nunca será bastante lo que alabemos a los dioses, a nuestra amante y a nuestro rey. Lo decía Malherbe, y estoy de acuerdo; me parece una máxima excelente. Las alabanzas halagan los oídos y ganan las voluntades; muchas veces conquistas a este precio los favores de una hermosa. Veamos cómo las pagan los dioses.

El poeta Simónides se propuso elogiar a un atleta, y tropezó con mil problemas. El asunto era árido; la familia del atleta, desconocida; el padre, un hombre común; él, sin otros méritos. Comenzó el poeta hablando de su héroe, y después de decir cuanto pudo, se salió por la tangente y se ocupó de Castor y Pólux; dijo que su ejemplo era glorioso para los luchadores; ensalzó sus combates, enumeró los lugares en que más sobresalieron ambos hermanos; en resumen, el elogio de aquellos llenaba dos tercios de la obra.

El atleta había prometido pagar un talento por ella, pero cuando la leyó, sólo pagó la tercera parte, y dijo sin rodeos que abonaran el resto Cástor y Pólux. "Reclama a la pareja celestial", añadió. "Pero quiero invitarlos, vengan a cenar conmigo, la pasaremos bien; los convidados son gente escogida; mis parientes y mis mejores amigos; sean de los nuestros". Simónides aceptó, pues no quiso perder, además de lo estipulado, la gratitud. Fue a la cena; comieron bien; todos estaban de buen humor. De pronto se presenta un sirviente y avisa que en la puerta estaban dos hombres preguntando por él. Se levanta de la mesa, y los demás continúan cenando. Los dos hombres que lo buscan son los gemelos celestes. Le dan las gracias, y en recompensa por los versos le advierten que salga de la casa enseguida, porque se hundirá.

La predicción se cumplió. Un pilar se rompió y el techo, sin apoyo, cayó sobre la mesa del festín, quebrando platos y botellas. Y no fue esto lo peor, para completar la venganza del poeta, una viga rompió al atleta las dos piernas y lastimó casi a todos los invitados. La fama publicó esto. Todos gritaron "¡milagro!", y doblaron el precio a los versos de aquel varón tan amado por los dioses. No hubo persona de buena familia que no le encargara el elogio de sus antecesores, pagándolo a buen precio.

Vuelvo al principio y digo, en primer lugar, que nunca serán bastante alabados los dioses y sus semejantes. En segundo lugar, que Melpómene muchas ocasiones, sin mancha, vive de su trabajo; y por último, que nuestro arte debe ser tomado en cuenta. Se honran los grandes cuando nos favorecen; en otro tiempo, el Olimpo y el Parnaso eran hermanos y muy buenos amigos.

Los ladrones y el asno

Dos ladrones peleaban por un asno que habían robado; uno deseaba conservarlo, y el otro quería venderlo.

Mientras llovían puñetazos, llegó un tercer ladrón y se llevó el borriquillo.

El asno suele ser como una provincia pobre; los ladrones, éste o el otro príncipe, como el de Transilvania, el de Hungría o el Otomano. En lugar de dos, se me han ocurrido tres: ya son bastantes. Para ninguno de ellos es la provincia conquistada: llega un cuarto, que los deja a todos iguales, al llevarse el asno.

El niño y el maestro de escuela

En esta fábula pequeña quiero mostrar cuán intempestivos son a veces los comentarios de los necios.

Un muchacho cayó al agua por jugar en la orilla del Sena. Quiso Dios que creciera allí un sauce, cuyas ramas fueron su salvación. Estaba agarrado a ellas, cuando pasó un maestro de escuela. El muchacho gritó: "¡Socorro, que me muero". El maestro al escuchar aquellos gritos, se volvió hacia él, muy serio, y de esta manera le habló:

—¿Habrase visto pillo como éste? Miren en qué apuro lo ha puesto su imprudencia. ¡Encárguense luego de calaverillas como él! ¡Qué desgraciados son los padres que deben cuidar de personas tan alocadas! ¡Son dignos de lástima! —y terminado el discurso, sacó al muchacho a la orilla.

Esta crítica alcanza a muchos que no se lo imaginan. No hay charlatán, magistrado ni pedante, a quien no siente bien el discursillo que he puesto en labios del maestro. Y de pedantes, magistrados y charlatanes, es grande la familia. Dios hizo muy amplia esta raza. Venga o no venga al caso, sólo piensan en lucir su oratoria. —Amigo mío, sácame del apuro y guarda para después el discurso.

La muerte y el leñador

Un leñador pobre, agobiado bajo el peso de los años y de la leña cubierta de ramaje, encorvado y quejumbroso, caminaba a paso lento; trataba de llegar a su mísera choza, pero, sin poder ya más, deja en tierra la carga y se pone a pensar en su mala suerte. ¿Qué placeres ha tenido desde que vino al mundo? ¿Habrá alguien más pobre y desdichado que él en la redondez de la tierra? Muchas veces no tiene pan, y nunca descansa. La mujer, los soldados, los impuestos, los acreedores y los réditos son la pintura exacta del rigor de sus desdichas. Entonces llama a la muerte, quien viene sin tardar y le pregunta qué necesita.

—Que me ayudes a cargar otra vez esta leña. No quiero quitarte mucho tiempo.

La muerte todo lo cura, pero estamos bien aquí. "Antes sufrir que morir", es lo que piensan los hombres.

La muerte y el leñador

El desdichado y la muerte

Un desdichado llamaba todos los días a la muerte para que lo ayudara.

—¡Oh Muerte! —decía—, ¡qué agradable me pareces! Ven pronto y acaba con mis penas.

La muerte creyó que le haría un verdadero favor, y acudió de inmediato. Llamó a la puerta, entró y se le presentó.

—¡Qué veo! —exclamó el desdichado—; alejen a ese espectro; ¡cuán espantoso es! Su presencia me espanta y horroriza. ¡No te acerques, oh, Muerte! ¡Vete pronto!

Mecenas fue un buen hombre, y dijo en cierto pasaje de sus obras: "Aunque quede cojo, manco, impotente, gotoso o paralítico; con tal de que viva, estoy satisfecho. ¡Oh, Muerte! ¡No vengas nunca!" Todos decimos esto.

Un hombre de cierta edad y sus dos amantes

Un hombre ya maduro, más bien viejo que joven, pensó que era tiempo de casarse. Tenía dinero acumulado, y por tanto, podía elegir; todas se desvivían por agradarle. Pero nuestro galán no se apresuraba. Piénsalo bien y acertarás.

Dos viudas fueron las preferidas. Una estaba tierna; la otra, ya madura, pero reparaba con arte lo que había destruido la naturaleza. Las dos, jugando y riendo, le peinaban la cabeza. La más vieja le quitaba los pocos pelos negros que le quedaban, para que el galán se le pareciera. La más joven, a su vez, le arrancaba las canas; y con esta doble faena, nuestro buen hombre se quedó muy pronto sin cabellos blancos ni negros.

—Les agradezco, oh señoras mías, lo bien que me han trasquilado. Más es lo ganado que lo perdido, porque ya no hay que hablar de matrimonio. Cualquiera de ustedes que eligiera, querría hacerme vivir a su gusto y no al mío. Una cabeza calva no es buena para esa tarea; muchas gracias por la lección.

El gallo y la perla

Cierto día un gallo, al escarbar el suelo, encontró una perla y se la dio al primer joyero que tuvo a la mano.

—Creo que es fina —dijo al dársela—, pero para mí vale más cualquier grano de mijo o avena.

Un gran ignorante heredó un manuscrito, y lo llevó de inmediato a la librería vecina.

—Me parece cosa de mérito —dijo al librero—, pero para mí, vale más cualquier moneda.

Los zánganos y las abejas

Se conoce al obrero por la obra.

Sucedió que varios panales de miel no tenían dueño. Los zánganos los reclamaban, las abejas se oponían. Se llevó el pleito al tribunal de cierta avispa; el asunto era difícil; había testigos que decían haber visto volando alrededor de aquellos panales a unos bichos alados de color oscuro, parecidos a las abejas; pero los zánganos tenían las mismas señas. La avispa, sin saber qué decidir, abrió de nuevo el juicio, y para mayor ilustración, llamó a declarar a todo un hormiguero, pero ni así pudo aclarar la duda.

—¿Me podrían decir a qué viene todo esto? —preguntó una abeja muy astuta. Hace seis meses que está pendiente el litigio, y estamos igual que el primer día. Mientras tanto, la miel se está perdiendo. Ya es hora de que el juez se apresure; le ha durado mucho el provecho. Sin tantos autos ni procedimientos, trabajemos los zánganos y nosotras, y veremos quién sabe hacer panales tan bien terminados y tan repletos de rica miel.

No lo aceptaron los zánganos, demostrando que aquel arte era superior a su destreza, y la avispa adjudicó los panales a las verdaderas dueñas.

Así debieran decidirse todos los litigios. La justicia de moro es la mejor. En lugar de código, el sentido común. No subirían tanto los gastos. No sucedería como pasa muchas veces, que el juez abre la ostra, se la come, y deja las conchas a los litigantes.

El zorro y la cigüeña

El señor zorro se creyó grande un día, y convidó a comer a su comadre la cigüeña. La comida se reducía a una sopa caldosa; era muy sobrio el anfitrión. La sopa fue servida en un plato muy plano. La cigüeña no pudo comer nada con su largo pico, y el zorro sorbió y lamió perfectamente todo el plato.

Para vengarse de aquella burla, la cigüeña lo invitó después.

—¡Con mucho gusto! —le contestó el zorro—; con los amigos no me hago del rogar.

A la hora señalada, fue a casa de la cigüeña, le hizo muchas reverencias, y encontró la comida lista. Tenía muy buen apetito; y el platillo, que era un sabroso salpicón de exquisito aroma, parecía excelente. Pero, ¿cómo fue servido? Dentro de una botella de fondo ancho, cuello largo y embocadura angosta. El pico de la cigüeña entraba muy bien, pero no el hocico del zorro. Así que regresó a su casa en ayunas, con las orejas gachas, la cola apretada y avergonzado, como si, a pesar de su astucia, lo hubiera engañado una gallina.

La encina y la caña

—Tienes razón para quejarte de la naturaleza —le dijo la encina a la caña—; un pajarillo es para ti carga pesada; la brisa más ligera, que riza la superficie del agua, te hace inclinar la cabeza. Mi frente, como la cumbre del Cáucaso, no sólo detiene los rayos del sol, también desafía a la tormenta. Para ti, todo es viento violento; para mí, viento suave. Si al menos nacieras al abrigo de mi follaje, no padecerías tanto, yo te defendería de la borrasca. Pero casi siempre brotas en las orillas húmedas del reino de los vientos. ¡La naturaleza ha sido injusta contigo!

—Tu compasión —respondió la caña— muestra tus buenos sentimientos, pero no te apures. Los vientos no son tan temibles para mí como para ti. Me inclino y me doblo, pero no me quiebro. Hasta ahora has resistido las mayores ráfagas sin inclinar el espinazo, pero al último nadie es dichoso.

Apenas dijo estas palabras, de los confines del horizonte acude furioso el más terrible huracán que engendró el Norte. El árbol resiste, la caña se inclina; el viento redobla sus esfuerzos, e insiste tanto, que al fin arranca de raíz la encina que elevaba la frente al cielo y hundía sus pies en el mundo subterráneo.

La encina y la caña

El proceso del lobo contra la zorra

Un lobo alegaba que le habían robado; una zorra, vecina suya, de mala reputación, fue citada al tribunal. Era juez el señor Mono, y ante él siguieron el juicio las partes, sin intervención de letrados. No recordaba el juez un litigio más embrollado, así es que, en su augusto sitial, sudaba y trasudaba. Después que los dos litigantes alegaron, contestaron, replicaron, gritaron y alborotaron, el magistrado, convencido de que ninguno tenía razón, les dijo:

—Hace tiempo que los conozco, amiguitos, y ambos pagarán multa; tú, lobo, por quejarte, aunque no te han robado nada; y tú, zorra, porque has quitado lo que te demandan.

El juez estaba convencido de que con cualquier sentencia condenaría a un bribón.

Los dos toros y la rana

Dos toros indómitos peleaban por el amor de una ternera. Una rana gemía y sollozaba.

—¿Qué tienes? —le dijo una compañera.

—¿No comprendes —le contestó—, que el final de esa contienda será la derrota y la fuga de uno de los combatientes, y que el otro, acosándolo, lo hará renunciar a esa floreciente pradera? Y sin poder disfrutar de sus pastos, vendrá a reinar el vencido entre las verdes cañas de nuestras charcas, pateándonos bajo del agua; así que de cualquier manera nosotras seremos las víctimas de ese combate promovido por la señora Ternera.

Y era fundado su temor; uno de los toros fue a refugiarse en las charcas y en un momento aplastó más de veinte ranas.

¡Ah!, siempre pagarán los débiles por las peleas de los fuertes.

El murciélago y las dos comadrejas

Un murciélago cayó en el nido de una comadreja; ésta, gran enemiga de los ratones, se echó sobre él para comérselo.

—¡Qué atrevimiento! —exclamó—; ¡te presentas aquí, cuando yo tengo tanto que sentir de los tuyos! ¿No eres ratón? ¡Habla sin turbarte! Sí, eres ratón, tan cierto como yo soy comadreja.

—Perdona —contestó el infeliz—, no soy lo que crees. ¿Ratón yo? ¡Esas son calumnias de quien no me quiere! Soy pájaro, gracias a Dios; ¿no ves mis alas? ¡Vivan los habitantes del aire!

Era sensato lo que decía, y la comadreja, convencida, lo dejó ir. Dos días después, el aturdido murciélago se metió sin pensar en la madriguera de otra comadreja, enemiga de los pájaros. ¡Otra vez en peligro de muerte! La señora de la casa abría ya el hocico para destrozarlo, como a un pájaro, cuando protestó la víctima por la ofensa que recibía:

—¿Pájaro yo? No te has fijado bien. ¿Qué es lo que caracteriza a los pájaros? Las plumas. Soy ratón. ¡Viva la gente ratonil! ¡Dios confunda a los gatos!

Estas buenas ocurrencias le salvaron la vida dos veces.

Hay muchos que, cambiando la casaca, escapan al peligro como el murciélago. El hombre listo sigue la corriente; hoy con los Tirios, mañana con los Troyanos.

El pájaro herido de un flechazo

Herido de muerte por una flecha emplumada, un pajarillo lamentaba su mala suerte, y exclamaba con mucho dolor:

—¡Contribuir a nuestro propio mal! ¡Eso es lo más triste! De nuestras alas toman, hombres crueles, las plumas que hacen volar los proyectiles mortales. Pero, no te burles de nosotros, raza despiadada; tienes el mismo destino; siempre entre los hijos de Jafet, los unos proveen de armas a los otros.

La perra y su compañera

Una perra de presa estaba por tener a sus crías, y sin saber dónde cobijarse para tenerlas, consiguió que una compañera la dejara entrar en su cubil por poco tiempo.

Después de unos días, vio regresar a la amiga, y con nuevos ruegos le pidió que prorrogara el plazo una quincena. Los cachorros apenas podían andar; y con éstas y otras razones, logró lo que quería.

Pasó la prórroga, y la compañera volvió a pedirle su casa, su hogar y su lecho. Esta vez la perra le enseñó los dientes, y dijo:

—¡Saldré con todos los míos cuando puedas sacarnos de aquí! (Ya estaban crecidos los cachorros).

Si das algo a quien no lo merece, lo lamentarás siempre. No recobrarás lo que prestas a un bribón, sin andar a palos. Si le alargas la mano, tomará el brazo.

El congreso de las ratas

Micifus era un gato famoso que hacía tal estrago entre las ratas, que apenas se veía alguna que otra; la mayoría estaba en la supultura. Las pocas que estaban vivas no se atrevían a salir de su escondite y pasaban muchos apuros. Para aquellas infelices, Micifus ya no era un gato, sino el mismísimo demonio.

Cierta noche que el enemigo tuvo la debilidad de ir a buscar una gata, con la cual se entretuvo en largo coloquio, las ratas supervivientes celebraron una junta en un rincón, para tratar los asuntos del día. La rata más vieja dijo que había que poner a Micifus un cascabel al cuello cuanto antes, así cuando fuera de caza lo escucharían y se meterían a la madriguera. No se ocurría otra cosa. A todas les pareció muy bien. Sólo había un problema: ponerle el cascabel al gato. Decía una:

—Lo que es yo, no se lo pongo; no soy tan tonta.

—Pues yo tampoco me atrevo —replicaba otra.

Y sin hacer nada, se disolvió la junta.

¡En cuántas juntas y reuniones pasa igual! ¿Hay que opinar y discutir? Por todas partes surgen consejeros. ¿Hay que hacer algo? No cuentas ya con nadie.

El congreso de las ratas

El águila y el escarabajo

Perseguía el águila a Juan el conejo, y éste corría velozmente hacia su madriguera. En el camino se topó con la guarida del escarabajo. No era muy segura, pero como no encontraba dónde esconderse, allí se agazapó. El águila se arrojaba ya sobre él, cuando el escarabajo, metiéndose a redentor, le habló en estos términos:

—Princesa de las aves, es fácil para su alteza apoderarse de este infeliz, a pesar mío; pero, por compasión, no me hagas ese ultraje. El pobre Juan te pide la vida; otorgásela, o quitánosla a los dos; es mi vecino y mi compadre.

El ave de Júpiter, sin decir palabra, da un aletazo al escarabajo que lo deja patas arriba, le hace callar, y se lleva entre sus garras a Juan el conejo.

El escarabajo, furioso, vuela al nido del águila y, en su ausencia, rompe sus frágiles huevos, que eran toda su esperanza; ni uno solo queda entero. Al llegar el ave rapaz y ver aquel desastre, llena el cielo de gritos, y lo peor es que no sabe en quién tomar venganza. Vanos eran sus gemidos; en el aire se perdían. Todo el año duró la aflicción de la pobre madre.

Al año siguiente, hace su nido en un lugar más alto. El escarabajo se da cuenta y despeña los flamantes huevos. La muerte de Juan el conejo quedó vengada otra vez. El dolor del águila esta ocasión fue tal, que en seis meses no callaron los ecos de la montaña.

Por fin, el ave de Ganimedes implora el auxilio del rey de los dioses, y deposita los huevos en un pliegue de su manto, creyendo que allí estarán más seguros; que el mismo Júpiter los defenderá, y que, además, nadie tendrá la audacia de robárselos.

Y así fue, no se los robaron. El enemigo cambió de táctica; ensució el manto de la divinidad, y ésta, al sacudirlo, tiró los huevos.

Cuando el águila lo supo, amenazó a Júpiter con abandonar su corte, con ir a vivir al desierto, y otras impertinencias. Júpiter calló. Compareció ante su tribunal el escarabajo, expuso el caso y defendió su causa. Hicieron ver al águila que no tenía razón, pero como los adversarios no se contentaban, el soberano de los dioses, para arreglar el asunto, apeló al recurso de cambiar el tiempo en que el águila hace su nido, trasladándolo a la estación en que el escarabajo está en guaridas de invierno, escondido bajo tierra como la marmota.

Los dos asnos; uno cargado de esponjas y otro de sal

Empuñando triunfalmente el cetro, como un emperador romano, un humilde arriero conducía dos asnos soberbios, de aquellos cuyas orejas miden palmo y medio. Uno cargaba esponjas, e iba tan ligero como los del correo; el otro iba a paso de buey, su carga era de sal. Andando así, por sendas y vericuetos, llegaron al vado de un río, y se vieron en gran problema. El arriero, que pasaba todos los días aquel vado, montó en el asno de las esponjas, arreando delante al otro animal. Era éste caprichoso, y yendo de un lado a otro, cayó en un hoyo, volvió a levantarse, tropezó de nuevo, y tanta agua recibió, que la sal fue disolviéndose, y pronto sintió el lomo aliviado de todo cargamento.

Su compañero, el de las esponjas, quiso seguir su ejemplo, como asno de reata; se zambulló en el río, y se empaparon de agua todos: el asno, el arriero y las esponjas. Éstas se hicieron tan pesadas, que no podía llegar a la orilla la pobre cabalgadura. El pobre arriero se abrazaba a su cuello, en espera de la muerte. Por suerte acudió alguien para ayudarlo; pero lo ocurrido basta para comprender que no conviene a todos actuar en la misma forma.

Y así llegamos a la conclusión de la fábula.

La paloma y la hormiga

En un arroyuelo cristalino bebía una paloma. En esto, cayó al agua una hormiga, y la infeliz se esforzaba en vano dentro de aquel océano para llegar a tierra. La paloma fue caritativa y arrojó una hoja al arroyo, que sirvió para que la hormiga llegara a un promontorio.

Al poco rato, pasó por ahí un muchacho descamisado y descalzo, armado de una ballesta. En cuanto divisó a la amable ave de Venus, la imaginó ya en su marmita, y se relamía los labios; pero cuando preparaba el arma, la hormiga le pica en el talón. El muchacho vuelve la cabeza; la paloma lo advierte y echa a volar. Y voló también la comida del ballestero.

El gallo y el zorro

Estaba vigilando en la rama de un árbol cierto gallo experimentado y astuto.

—Hermano —le dijo un zorro con voz amable—, ¿para qué hemos de pelearnos? Que haya paz entre nosotros. Vengo a traerte tan buena noticia; baja, y te daré un abrazo. No tardes; tengo que correr mucho todavía. Bien pueden vivir sin temor gallos y gallinas; ya somos hermanos suyos. Festejemos las paces; ven a recibir mi abrazo fraternal.

—Amigo mío —contestó el gallo—, no podrías traerme mejor noticia que la de estas paces; y aún me complacen más, por ser tú el mensajero. Desde aquí diviso dos lebreles, que sin duda son portadores de la feliz noticia; van rápido y pronto llegarán. Voy a bajar; los abrazos serán entre todos.

—¡Adiós! —dijo el zorro—. Hoy es larga mi jornada; dejemos los festejos para otra ocasión.

Y el bribón, contrariado, salió corriendo. El gallo astuto echó a reír al verlo correr despavorido, porque no hay mayor placer que engañar al que engaña.

El león y el mosquito

—¡Aléjate, bicho ruín, inmundo engendro del fango! —insulta el león al mosquito.

Éste le declara la guerra.

—¿Piensas que tu categoría real me espanta? —exclama el mosquito—. Más corpulento que tú es el buey, y lo dirijo como quiero.

Al decir esto, él mismo suena el toque de ataque, trompetero y paladín a la vez. Se hace para atrás, toma carrera, y se lanza sobre el cuello del león. La fiera ruge, relampaguean sus pupilas, el hocico se le llena de espuma. Hay gran alarma en aquellos contornos; todos tiemblan, todos se esconden; ¡y el pánico general es causado por un mosquito! El pequeño insecto hostiga al regio animal por todos lados; tan pronto le pica en el áspero lomo como en el húmedo hocico, o se le mete en las narices. Entonces llega al colmo la rabia del león. Y el enemigo invisible triunfa y ríe, al ver que ni los colmillos ni las garras le bastan a la irritada fiera para morderse y arañarse.

El rey del bosque se hiere y desgarra él mismo; golpea sus flancos con la resonante cola; azota el aire a más no poder; y su propia furia lo fatiga y lo abate.

El mosquito se retira de la contienda triunfante y glorioso; con el mismo clarín que anunció el ataque, proclama la victoria; corre a decir por todas partes la noticia; pero cae en la emboscada de una araña, y allí terminan todas sus hazañas.

¿Qué lecciones nos da esta fábula? Veo dos en ella; primera, que el enemigo más temible suele ser el más pequeño; segunda, que después de vencer los mayores peligros, sucumbimos en ocasiones ante el menor obstáculo.

El león y el mosquito

El cuervo que quiso imitar al águila

El ave de Júpiter agarra desde los aires a un carnero; un cuervo que observa, tan voraz como ella, aunque con menos fuerza, quiere hacer lo mismo. Revolotea sobre el rebaño, se fija en el carnero más gordo, reservado para el sacrificio, porque realmente era digno manjar de dioses. El cuervo, muy contento, decía en sus adentros, saboreando a su presa:

—No sé quién te ha criado, pero estás muy bien cuidado; pronto caerás en mis garras.

Y al pensar esto se precipita sobre el balador carnero. Pero ¡ay!, pesaba más que una pieza de queso, y su lana, muy crecida y espesa, era tan crespa como las mismísimas barbas de Polifemo. Entonces se enredan en ella las garras del cuervo, que no puede zafarse; y para colmo de males, llega el pastor, lo atrapa, lo enjaula y lo entrega a sus hijos para que jueguen con él.

Hay que medir las fuerzas propias; un mísero ladronzuelo no puede imitar a un bandido afamado. El ejemplo ajeno muchas veces resulta engañoso.

No basta darse importancia para ser un gran señor. Por donde pasa la avispa, queda atrapado el moscardón.

El león y el ratón

Es importante favorecer y obligar a todos. Muchas veces puede sernos útil la persona más insignificante.

Dos o más fábulas puedo alegar en apoyo de esta máxima: tanto abundan las pruebas.

Un ratoncillo, al salir de su agujero, se vio entre las garras de un león. El rey de los animales, portándose en aquel caso como quien es, le perdonó la vida. No fue en vano el beneficio. Nadie pensaría que el león necesitara al ratoncillo; sin embargo, sucedió que, al salir del bosque, el valiente animal cayó en unas redes, de las que no podía librarse a fuerza de rugidos. El ratoncillo acudió, y royendo una de las mallas, puso en libertad al monarca de la selva.

Paciencia y constancia consiguen a veces más que la fuerza y la furia.

El león y el ratón

El león y el asno van de caza

Al rey de los animales se le antojó ir de caza; eran sus días y quiso celebrarlos.

El león no cazaba menudos gorriones, sino robustos jabalíes, gallardos ciervos y gamos. Para esta faena utilizó a un asno de voz muy sonora; sus rebuznidos hacían las veces del cuerno. Lo puso el león en un lugar conveniente, lo cubrió de ramaje y le dio orden de rebuznar con toda su fuerza, bien seguro de que los habitantes del bosque huirían asustados.

Y así fue, como no estaban acostumbrados a escuchar aquella tempestad de bramidos, echaron a correr todos, sobrecogidos de horror, y cayeron en las garras del león.

—¡Me parece que te he servido bien! —le dijo el asno, envanecido por el éxito de la cacería.

—Sí —contestó el león—, gritaste tanto, que me hubiera asustado yo también si no te conociera.

El asno se hubiera molestado, de tener ánimos para tanto, aunque con razón se burlaban de él. Porque ¿hay algo más ridículo que un asno fanfarrón? No está hecho para eso.

La liebre y las ranas

Una liebre meditaba en su madriguera: ¿en qué pasar el tiempo, allí, a solas, sino en continua cavilación? Estaba en el mayor aburrimiento; por naturaleza es un animal triste, y además temeroso.

—¡Qué gente tan desdichada es la asustadiza! —decía—. Nada le hace provecho; no hay dicha completa para ella; siempre en continua zozobra. Así vivo yo; este maldito miedo no me deja dormir más que con los ojos abiertos. Dirá algún maestro: "Corrígete". Pero, ¿hay algún remedio para el miedo? Yo imagino, a decir verdad, que los mismos hombres tienen tanto miedo, o más, que nosotras las liebres.

Así pensaba, sin dejar un instante la vigilancia. Estaba inquieta y temerosa; un soplo, una sombra, un rumor, la alteraban. El triste animal, cavilando en esta forma, oye un ruido, y aquella es la señal para echar a correr. Corriendo sin parar, pasó junto a una charca. ¡Allí fue Troya! Por todas partes había ranas saltando al agua y escondiéndose en el fango.

—¡Bueno es esto! —exclamó la liebre—, ¡tan asustada como voy, aún asusto a los demás! Mi presencia ha sembrado el pánico en el estanque. ¿Desde cuándo soy tan importante? ¿Cómo es que hago temblar a tantos? ¿Seré un héroe? No; es que siempre, en este mundo, pasa lo mismo: a un cobarde, otro mayor.

La liebre y las ranas

La gata transformada en mujer

Un hombre quería mucho a su gata. Le parecía hermosa, elegante y cariñosa; sus maullidos lo extasiaban; el pobre había perdido la cordura.

Aquel individuo, mediante súplicas, lágrimas, sortilegios y hechizos, consiguió del Destino que su gata se convirtiera en mujer, y se casó con ella de inmediato. Estaba loco de amor. Nunca la dama más hermosa ejerció tal dominio sobre su amante, como aquella nueva esposa sobre su extravagante marido. Él la mimaba y ella le correspondía. El esposo no veía en ella ni el menor resto de su índole gatuna, y cegado por completo, la juzgó como mujer perfecta, hasta que unos pícaros ratoncillos, que roían las esteras, destruyeron la felicidad de los recién casados. La esposa se levanta de repente, se pone a cuatro patas, y los ratones echan a correr. Pero luego regresan, y ella acude a tiempo y los caza, porque el cambio de figura hizo que no la reconocieran los roedores.

Los ratones siempre fueron cebo para ella; ¡tanta es la fuerza de la naturaleza! A cierta edad, no caben ya los cambios; lo que se mamó en la cuna, se deja en la sepultura.

No puede uno desprenderse de lo que está en el carácter, si se le cierra la puerta, entrará por la ventana.

El pavo real quejándose a Juno

—No me quejo sin motivo, oh diosa —decía el pavo real—, la voz que me has dado desagrada a todos, mientras que el ruiseñor, mezquino animal, canta en una forma tan melodiosa, que es gala y honor de la primavera.

—Detén la lengua ave celosa —le respondió Juno, molesta—, cómo envidias la voz del ruiseñor, tú que en el cuello luces los brillantes esplendores del arco iris, y te pavoneas, desplegando una cola tan magnífica que parece el escaparate de un joyero. ¿Acaso existe un ave más hermosa que tú? Ningún animal tiene todas las perfecciones. Les hemos distribuido diversas prendas; hay a quienes les tocó en el reparto la fuerza y la corpulencia; el halcón es ligero; el águila valerosa; la corneja agorera; y cada quien ha de estar a gusto con su suerte. No te quejes, o te castigaré quitándote el plumaje.

El pavo real quejándose a Juno

El molinero, su hijo y el asno

A la Grecia antigua, madre de las artes, debemos el apólogo; pero es una mies tan pródiga, que todavía encuentran algo que espigar los últimos que llegan. La ficción es un lugar muy extenso, lleno de regiones desconocidas; donde todos los días se hacen descubrimientos. Voy a contar una historia muy ingeniosa; Malherbe la contó al marqués de Racan*.

Estos dos seguidores de Horacio y herederos de su lira, estaban un día a solas, y se confiaban sus propósitos. Racan le decía a Malherbe:

—Aconséjame, tú que sabes de las cosas del mundo y que tienes mucha experiencia por tu avanzada edad. ¿Qué debo hacer? Ya es tiempo de que piense en ello. Conoces mi posición, mi linaje y carácter. ¿Me estableceré en mi provincia natal, buscaré lugar en el ejército, o entraré en la corte? Todo tiene su pro y su contra; hay delicias en la dura guerra y peligros hasta en el dulce matrimonio. Si siguiera mi capricho, no dudaría, pero tengo que contentar a los míos, a la corte y al pueblo.

—¡Contentar a todos! —exclamó Malherbe—. Antes de responderte, escucha un cuento.

Un molinero ya viejo y su hijo jovencito, de quince años cumplidos, iban a una feria a vender su asno. Para que estuviera más descansado y de mejor ver, le amarraron las patas y lo cargaron entre los dos. El primero que encontraron en el camino soltó la carcajada. "¡Qué pareja de tontos! ¡Qué rústicos tan rematados! ¿Qué se proponen al hacer eso? No es más asno quien más lo parece". El molinero, al oír aquello, se arrepiente de su tontería, deja en el suelo al asno y lo desamarra. El animal, que se iba acostumbrando a no caminar, comenzó a quejarse en su dialecto, pero el molinero cerró los oídos a sus quejas, hizo montar al muchacho y prosiguieron su camino.

Luego encontraron a tres mercaderes, y el más viejo, gritando cuanto pudo, le dijo al cabalgante: "Bájate si tienes algo de vergüenza, mozo borriqueño. ¿Cuándo se ha visto que un muchacho lleve lacayo con canas? Que monte el viejo y el muchacho camine".

—Caballeros —contestó el molinero—, tienen mucha razón, y fuerza será complacerlos.

Desmontó el muchacho y montó el viejo. Pasaron en esto tres mozas, y exclamó una de ellas: "¡Qué valor! Hacer caminar a ese muchacho, cayendo y tropezando, mientras va el hombrón en el asno, hecho un papanatas". Replicó el molinero; hubo dimes y diretes, hasta que el pobre hombre, apenado, quiso remediar el error y puso al chico a la grupa.

Aun no daban treinta pasos cuando encuentran otro grupo de personas, y empiezan los comentarios. "Están locos, el asno no puede más, va a reventar. ¡Cargar así a un pobre animal! ¿No tienen lástima de quien bien les sirve? Venderán en la feria su pellejo".

—Loco de remate es quien trata de contentar a todos —exclamó el molinero—. Pero hagamos otra prueba para ver si lo conseguimos.

Desmontaron los dos, y el asno muy satisfecho marchaba delante de ellos. Pasó entonces otro caminante, y al verlos dijo: "La cabalgadura bien descansada y el dueño echando los bofes. Así, hacen gasto de zapatos y preservan al asno. ¿Cuál será más asno de los tres?"

—Asno soy realmente —dijo el molinero exasperado—, asno me confieso y me declaro, pero en adelante, digan lo que quieran, alábenme o critíquenme, he de hacer mi santa voluntad.

Y así lo hizo; y obró de manera correcta.

Entonces, sigue las banderas de Marte o las del amor, o sirve a la corte, o enciérrate en el pueblo; toma mujer, hazte fraile, anda por donde quieras; puedes estar seguro de que te criticarán de todas maneras.

*El marqués de Racan consultó en su juventud al célebre poeta Malherbe sobre el género de vida que más le convenía; Malherbe le contestó con esta fábula, que La Fontaine puso en verso.

El molinero, su hijo y el asno

El estómago

Debí comenzar mi obra por la monarquía. Considerada desde cierto aspecto, es imagen suya el estómago; cuando éste sufre algo, todo el cuerpo lo resiente.

Ya cansados de trabajar por él, los diversos miembros del cuerpo humano decidieron holgazanear, siguiendo su ejemplo, y decían: "Que se mantenga de aire; trabajamos y sudamos como bestias de carga, y ¿para quién? Sólo para él. De nada nos sirven nuestros afanes, mientras él vive a nuestras expensas. Hagamos como él hace, descansemos". Dicho y hecho; las manos dejaron de asir, los brazos de moverse y las piernas de caminar. Todos dijeron al estómago que se buscara la vida; pero ¡cuán pronto se arrepintieron! En poco tiempo los desdichados miembros quedaron debilitados por completo. Sin sangre nueva todos languidecieron; y los revoltosos se convencieron de que aquel a quien llamaban ocioso y holgazán contribuía tanto o más que ellos al bien común.

¡Qué bien se aplica esto a la monarquía! Recibe mucho, pero también da mucho, y el resultado es igual. Todos trabajan para ella, y de ella todos viven. Mantiene al artesano, enriquece al mercader, da sueldo al magistrado, hace vivir al labrador, paga al militar, distribuye sus mercedes y sostiene todo el peso del Estado. Bien lo explicó Menenio Agrippa: El pueblo romano quería separarse del Senado; alegaban los descontentos que éste monopolizaba el mando, el poder, las riquezas y los honores, dejándoles todos los males, los tributos, los impuestos y las fatigas de la guerra. Ya habían salido los plebeyos de la ciudad, y muchos de ellos iban a buscar otra patria, cuando Menenio les hizo ver que pueblo y Senado eran dos miembros de un mismo cuerpo, y con este famoso apólogo los convenció de su deber.

El lobo pastor

Un lobo, que no encontraba bastante comida entre las ovejas de las cercanías, buscó la ayuda de una piel de zorro para disfrazarse. Se vistió de pastor con una chaqueta, empuñó un cayado y se colgó a la espalda una flauta. Para completar el engaño, sólo le faltaba escribir en el sombrero: "Yo soy Perico, pastor de este rebaño". Transformado así, y apoyando las patas delanteras en el cayado, se acerca poco a poco el fingido Perico. El verdadero Perico, tendido sobre la blanda hierba, dormía como un lirón. También el perro dormía, y hasta la gaita dormía. Para dormir todos, dormían asimismo las ovejas. Para engañarlas mejor y atraerlas a su madriguera, el lobo quiso reforzar con palabras el engaño de su disfraz, pero esto fue lo que lo perdió.

Por más que trató, no pudo imitar la voz del pastor. El áspero timbre de la suya hizo resonar el bosque y descubrió la trampa. Todos despertaron, las ovejas, el mastín y el pastor. El pobre lobo, con el estorbo de la chaqueta, no pudo huir ni defenderse.

Siempre dejan los bribones algún cabo suelto. El lobo se comporta siempre como lobo.

El lobo pastor

El zorro y el chivo

El zorro iba en compañía de un chivo, amigo suyo, gallardo y de retorcidos cuernos, pero de poca astucia. La sed los obligó a bajar a un pozo, donde bebieron cuanto quisieron. Satisfecha la necesidad, dijo el zorro al chivo:

—¿Qué haremos ahora, compadre? La dificultad no estaba en beber, sino en salir de aquí. Levanta las patas y también los cuernos, apóyate contra el muro; subiré por tu espinazo, luego treparé sobre la cornamenta y así llegaré a la entrada del pozo. Ya que esté arriba, te sacaré.

—¡Por mis barbas! —dijo el chivo—, que buena ocurrencia, te felicito. Yo nunca hubiera tenido tan feliz idea.

El zorro salió del pozo y dejó ahí a su amigo, y para que se conformara le dijo un buen sermón:

—Si Dios te hubiera dado tan largo el entendimiento como los cuernos, no te hubieras metido en el pozo a tontas y a locas. ¡Adiós!, yo ya estoy fuera; sal como puedas, porque tengo cierto negocio y no debo retrasarme.

En todas las cosas, no hay que mirar tanto la entrada sino la salida.

Las ranas pidiendo rey

Se cansaron las ranas de vivir en república, y tanto clamaron, que Júpiter les dio la monarquia que pedían. Hizo caer del cielo un rey tan pacífico, que no podía serlo más. Pero produjo tal ruido al caer, que aquellos anfibios tan temerosos se ocultaron corriendo bajo el agua, entre los juncos y las cañas, en el fondo y en los escondrijos del estanque, sin atreverse a mirar a la cara al que juzgaban terrible gigantón.

El gigantón era sólo un poste, que asustó a la primera rana que se atrevió a salir de su escondite; pero al poco rato, se acercó, temblando todavía, y como otra la siguiera, y otra después, se reunió un grupo de aquellos tímidos animales, y ya sin miedo, saltaron tranquilamente sobre el temido monarca. El rey lo consintió, sin dar señales de vida, y en el acto comenzó Júpiter a oír nuevos clamores.

—Danos un rey verdadero —decía el pueblo de la charca.

Y el rey de los dioses les envió una grulla voraz, que de inmediato comenzó a atrapar y devorar súbditos a placer.

¡Qué lamentos entonces los de las ranas! Pero Júpiter les contestó:

—Basta ya de caprichos. ¿Ha de estar pendiente mi voluntad de lo que se les ocurra? Debieron conservar el primer gobierno; y en caso de cambio, darse por contentas de que el rey fuera pacífico y manso. Y puesto que no lo quisieron, aguanten ahora a éste, aunque sólo sea por miedo a que les envíe otro peor.

Las ranas pidiendo rey

El águila, la jabalí y la gata

El águila puso la cría en lo alto de un árbol hueco y carcomido, la jabalí al pie del mismo árbol, y la gata en medio; y sin molestarse, mediante este arreglo madres e hijos vivían tranquilos. La gata, con sus chismes, acabó con tan buena armonía; trepó al nido del águila, y le dijo:

—Estamos en peligro de muerte, porque ¿qué mayor muerte para una madre que la de los hijos? ¿No ves a esa malvada jabalí, que está siempre golpeando abajo y abriendo un hoyo? Pues lo hace con la idea de tirar este tronco y acabar con los nuestros. Caerán al suelo los pobrecillos y serán pasto de las fieras, ¡ni uno solo quedará para consuelo! ¡Estoy segura de ello!

Abandonó el nido del águila, dejándola toda alarmada, y bajó a la madriguera de la jabalí.

—Amiga y vecina —le dijo en voz baja—, vengo a darte un aviso. No salgas de aquí, porque el águila está al acecho para arrojarse sobre tus cachorros. No me descubras, lo pagaría yo.

Después de sembrar la alarma en esta otra familia, se retiró la gata a su vivienda. El águila no se atrevía a salir para mantener a sus polluelos; la jabalí, menos; sin pensar que lo primero es saciar el hambre. Se obstinaban en permanecer dentro de casa para defender a los suyos; el ave imperial recelosa de la jabalí, y ésta del ataque de su rapaz vecina. Y al fin todos perecieron víctimas del hambre, la familia del águila y la de la jabalí; ¡gran banquete para los gatos!

¡Cuánto daño hace una lengua ponzoñosa! De las calamidades que salieron de la caja de Pandora, la más aborrecible es la falsedad.

El león vencido por el hombre

Estaba en exposición un cuadro, en el cual el artista pintó un gran león dominado y abatido por un solo hombre. Se envanecía de la proeza la gente que lo miraba; pero un león que pasó por ahí les bajó los humos al decir:

—Bien me doy cuenta que el pintor les atribuye la victoria, pero los ha engañado, pintando lo que le daba la gana. Con más razón sería nuestra la victoria si los leones supiéramos pintar.

El lobo y la cigüeña

Los lobos son muy glotones. Uno de ellos se hartó con tal voracidad que casi le costó el pellejo. Se le atravesó un hueso en lo más hondo de la garganta, y ni siquiera podía aullar para pedir auxilio. Por suerte, acertó a pasar una cigüeña; la llamó con señas, ésta acudió, y cual diestro cirujano hizo la extracción del hueso. Después pidió el pago.

—¡Pago! —exclamó el lobo—. Estás loca amiga; ¿no es suficiente con haberte dejado sacar la cabeza de mi hocico? ¡Eres una ingrata! Vete, y ten cuidado de no caer otra vez en mis garras.

El borracho y su mujer

Quien tiene un vicio, tarde o nunca se alivia. Un cuento se me ocurre que viene a modo, pues me gusta apoyar en ejemplos lo que digo.

Cierto adorador de Baco destruía su salud, su inteligencia y su patrimonio; estos viciosos, antes de llegar a la mitad de la carrera, agotan su dinero. Un día que nuestro hombre, más borracho que una cuba, había dejado los sentidos en el fondo del vaso, su mujer lo metió en un ataúd. Allí le hicieron todo su efecto los vapores del mosto, pero al fin despertó, y se halló envuelto en fúnebre sudario.

—¿Qué es esto? —exclamó sobresaltado—; ¿ya quedó viuda mi mujer?

Y ésta, enmascarada, vestida de negro y fingiendo la voz, se aproxima al supuesto difunto y le presenta un plato de potaje infernal, bueno para el mismo Satanás. Al ver aquello, no duda el marido que está en lo profundo del infierno.

—¿Quién eres tú? —pregunta al fantasma.

—La despensera del reino de los diablos —le contesta—; y traigo la comida de los muertos.

—Dime —replica el borracho—, ¿y no les traes algo para beber?

La gota y la araña

Cuando produjo el infierno la gota y la araña, les habló en esta forma:

—Pueden envanecerse, hijas mías, de ser igualmente dañinas para los humanos. Veamos dónde prefieren vivir. ¿Ven esas pequeñas cabañas y esos palacios tan grandes, hermosos y relumbrantes? Esas serán sus moradas. Echen suertes; aquí tienen dos astillas; a ver quién saca la más larga.

—No me gustan las cabañas —dijo la araña.

La gota, por el contrario, al ver los palacios frecuentados por los médicos, creyó que no viviría tranquila en ellos. Prefirió la otra opción; plantó sus reales en una cabaña, se acercó a los pies de un pobre hombre, se apoderó de sus pulgares, y dijo para sus adentros: "No me faltará faena en este rinconcito; es seguro que no vendrá a echarme de aquí ningún médico".

La araña, por su lado, se instaló en el artesonado del palacio, como si fuera su casa; tendió sus redes y comenzó a atrapar moscas y mosquitos. ¡Trabajo inútil! Una sirvienta, armada con la escoba, destruyó al punto su obra. Nueva red, nuevo escobazo. El pobre bicho cambiaba de habitación todos los días, y cansado ya, fua a buscar a la gota.

¡Pobre gota también! Estaba en el campo, sufriendo más percances que la araña. Su huésped la llevaba de un lugar a otro; al campo a cavar, al soto a hacer leña; y se sabe que gota maltratada es casi lo mismo que gota curada.

—No soporto más —exclamó la gota—; cambiemos de lugar amiga araña.

Ésta le tomó la palabra y se metió en la cabaña. ¡Qué fortuna! Se vio libre de escobazos para siempre. La gota, por su parte, buscó albergue en el palacio de un obispo, y tanto se aferró a él, que ya no pudo moverse de la cama el prelado. ¡Y sabe Dios lo que gastó en cataplasmas!

Se complacen los malvados en aumentar el mal que causan. La araña y la gota quedaron muy a gusto con el cambio de casa.

La zorra y las uvas

Cierta zorra gascona, aunque otros dicen que era normanda, medio muerta de hambre, divisó en lo alto de unas parras algunos racimos rojizos que parecían ya maduros. De buena gana se hubiera deleitado con ellos, pero como no podía alcanzarlos, dijo:

—Todavía están verdes, sólo sirven para amargar.

La zorra y las uvas

El cisne y el cocinero

En un corral lleno de aves, vivían el cisne y el ganso; el primero destinado para recrear la vista de su dueño; el otro para deleite de su paladar. Uno presumía de ser huésped favorito del jardín, y el otro de la casa. Los dos paseaban por el foso de la quinta, surcaban juntos el agua y se zambullían en ella, sin olvidar por eso sus rivalidades.

Un día que el cocinero había tomado vino, confundió al cisne con el ganso. Lo tenía agarrado por el cuello y ya iba a degollarlo, cuando el pobre animal comenzó a cantar, llorando y lamentándose. Fue grande la sorpresa del cocinero al notar su error.

—¡Cómo! —exclamó—. ¡Iba a meter en la olla a un excelente cantor! No quiera Dios que le corte la garganta a quien la utiliza tan bien.

En los peligros que a veces surgen, nunca está de sobra hablar.

Los lobos y las ovejas

Después de mil años, e incluso más, de guerra a muerte, hicieron las paces los lobos y las ovejas. Ambas partes salían ganando, porque, tan es verdad que los lobos devoraban de vez en cuando alguna oveja extraviada, como es cierto que cuando éstos eran sorprendidos por los pastores, los desollaban y hacían con sus pieles las chaquetas. Ni las ovejas tenían tranquilidad para pacer, ni los lobos para cazar. Unos y otras estaban en continuo sobresalto. Entonces se firmó la paz, y se entregaron algunos rehenes, los lobos a sus loboznos y las ovejas a sus perros. Se realizó el cambio con mucha solemnidad, y al cabo de algún tiempo, cuando los loboznos crecieron y se convirtieron en lobos hechos y derechos, hambrientos y voraces, aprovecharon cierta ocasión en que no estaban los pastores en el hato, para cazar y desollar a la mitad de las mejores ovejas, y arrastrándolas con los colmillos, se retiraron a lo profundo de la selva. Habían avisado en secreto a los demás lobos, y los perros, que dormían confiados, también fueron degollados. La matanza se hizo en un abrir y cerrar de ójos; ni uno solo pudo escapar.

Esta lección nos demuestra que a los malvados hay que hacerles la guerra siempre. La paz es buena, estoy de acuerdo en ello, pero, ¿de qué sirve cuando el enemigo es desleal?

Los lobos y las ovejas

El león envejecido

El león que era el terror de las selvas, cargado de años y recordando en vano sus hazañas, fue atacado de pronto por sus propios súbditos, a quienes les dio valor la debilidad de éste. El caballo le propinó una coz, el lobo una mordida, el toro una cornada. El infortunado león, abatido y pesaroso, apenas tuvo ánimos para lanzar un rugido apagado, pues ya estaba medio muerto. Sin quejarse aguardaba su fin, pero cuando vio al asno correr hacia él, dijo:

—¡Ah!, ¡esto es demasiado! Estaba resignado a morir, pero sufrir las ofensas del asno es como morir dos veces.

Filomela y Progne

Progne, la golondrina, se alejó un día de su casa y de la ciudad. Se fue volando hasta un bosquecillo, donde cantaba la pobre Filomela.

—¿Cómo estás, hermanita? —le preguntó—. Hace muchos años que no sé de ti. Desde los tiempos de Tracia, no recuerdo haberte visto entre nosotros. ¿En qué piensas? ¿No quieres abandonar esta soledad?

—¿Es que hay otro lugar mejor? —repuso Filomela

—¿Y malgastas tu dulcísimo canto aquí, donde sólo te oyen los animales del bosque, y tal vez algún rústico labriego? Arte tan exquisito, ¿tiene que perderse en el desierto? Ven a la ciudad para que admiren allí tu prodigiosa voz. Después de todo, aquí en la selva recordarás siempre que en un lugar semejante Tereo te hizo víctima de su furia.*

—Precisamente, por la memoria de tamaño ultraje, no he de seguirte, porque al mirar a los hombres se avivaría más ese recuerdo amargo.

*Tereo, rey de Tracia, ultrajó y mutiló cruelmente en un apartado bosque a Filomela, hermana de Progne, mujer suya. La venganza de las hermanas fue matar al hijo del rey y dárselo a comer. Filomela fue transformada en ruiseñor y Progne en golondrina.

Filomela y Progne

La comadreja en el granero

La señorita comadreja, tan delgadita y ágil, entró en el granero por un agujero muy pequeño. Había estado enferma la pobre, pero allí, viviendo a sus anchas, quién sabe lo que ella comió: el tocino y los bichos vivientes a quienes dio fin. ¡Se puso gorda, rechoncha y mofletuda! Al cabo de una semana, después del hartazgo diario, oyó un ruido y quiso escapar por el agujero, pero no pudo pasar, y creyó haberse equivocado. Dio varias vueltas, y desengañada, regresó a aquella abertura.

—Esta es la salida —exclamaba—; no cabe duda, por aquí entré hace cinco o seis días.

Un ratón, testigo de sus angustias, le dijo:

—No tenías entonces la panza tan repleta; entraste flaca y así tendrás que salir. Y esto que te digo a ti, comadreja, se les podría decir a muchos otros, pero no quiero meterme en honduras, ni hacer comparaciones peligrosas.

El gato y la rata vieja

En un libro de fábulas leí que un gato formidable, Alejandro y Atila de la raza gatuna, era el terror de las ratas, y las tenía atemorizadas en una legua a la redonda. Quería despoblar al mundo de las ratas. Todas las trampas inventadas para acabar con ellas, eran un juguete comparadas con las uñas de aquel gato.

El gato observó que todas las ratas estaban metidas en sus madrigueras; no se atrevían a salir, y él se desvivía en vano por cazarlas. ¿Qué hace entonces? Finge estar muerto, se cuelga de un poste cabeza abajo, y utiliza unas cuerdas a las que se agarra disimuladamente. Las ratas piensan que han ajusticiado al enemigo, por algún robo, arañazo o cualquier otra falta, y todas se alegran con la idea de asistir a su entierro; asoman el hocico y luego toda la cabeza; vuelven a meterse en su escondrijo y después salen otra vez, dan algunos pasos y se deciden por fin a correr libremente. Pero de pronto cambia la decoración; el ahorcado resucita, cae al suelo, da un brinco y atrapa a las más lentas.

—Para ser el primer engaño, no salió mal —decía engullendo a sus presas—; de nada servirán, señoras mías, sus escondites bajo tierra. Les advierto que todas caerán en mi poder.

Y decía bien; la segunda vez, el astuto cazador se blanquea con harina todo el cuerpo, y así disfrazado, se mete en una artesa. Las ratas acuden al cebo y caen en el garlito. Una rata vieja no quiso acudir al olor de la harina; tenía mucha experiencia, conocía muchas de esas trampas, y hasta había perdido la cola en una de ellas.

—Ese bulto enharinado no me huele bien —le decía a la jefa de las ratas—, recelo alguna estratagema. Parece harina, pero aunque fuera costal, no me acercaría.

Hablaba como Séneca: "De los escarmentados nacen los avisados".

El gato y la rata vieja

La mujer ahogada

No soy de los que dicen: "No es nada; una mujer que se ahoga". ¿No es nada? ¡Digo que es mucho! Bien vale la pena llorar a la mujer, puesto que su encanto nos alegra.

Y viene a propósito lo que escribo, porque trata esta fábula de una mujer que murió desdichadamente en el agua. Su marido buscaba el cadáver para darle piadosa sepultura. Por la orilla del río, causante de su desgracia, pasaban personas que no sabían de ella. El pobre hombre preguntó si habían visto a su mujer.

—No —contestó un hombre—, no hemos visto nada; pero busca más abajo, sigue el curso del río.

—No hagas eso —replicó otro—; mejor sigue el río aguas arriba; cualquiera que fuera la dirección y la fuerza de la corriente, ella llevará la contraria.

Era inoportuna la observación de aquel burlista, pero en cuanto al espíritu de contradicción, tal vez no hablaba mal. Sea o no defecto del sexo débil, quien nació con él, con él morirá, y llevará la contraria hasta el fin, y aún después, si le es posible.

El león enamorado

En otro tiempo, cuando los animales hablaban, solicitaron los leones nuestra alianza. No había motivo para negarse; valían en aquel entonces tanto como nosotros; eran valerosos, inteligentes y además tenían magníficas melenas. Sucedió que al pasar por un prado cierto león de copete alto, contempló a una pastorcilla que le pareció bonita; de inmediato la pidió en matrimonio. El padre hubiera preferido un yerno menos formidable. Era difícil concedérsela, y negársela, muy peligroso. Por otra parte, una negativa quizá hubiera propiciado un casamiento clandestino, porque la niña era aficionada, como todas, a los galanes de pelo en pecho. Así que el padre, sin atreverse a despedir abiertamente al pretendiente, le dijo:

—Mi hija es tímida y delicada, si vas a acariciarla con esas garras, puedes lastimarla. Deja que te corten las uñas, y también que te limen los dientes y colmillos. Serán más suaves los besos, y más gustosos, porque mi hija, ya sin miedo, responderá mejor a las caricias.

El león aceptó; ¡tan ciego estaba! Se quedó sin uñas ni dientes, como fortaleza desarmada. Entonces echaron sobre él a los perros, y apenas opuso resistencia.

¡Amor!, ¡amor! Cuando caemos en tus manos, bien podemos decir: "¡Adiós prudencia!"

El león enamorado

La mosca y la hormiga

Entre la mosca y la hormiga alegaban sobre quién valía más.

—¡Oh, Júpiter! —exclamó la primera—. ¿Es posible que el amor propio ciegue tanto, que un bicho vil y rastrero se atreva a compararse con la hija del aire? Visito los palacios, me siento a tu mesa; si en los altares inmolan un buey, pruebo la sangre antes que tú, mientras que este animalejo, mezquino y miserable, vive tres días de una pajita seca que arrastró hasta la madriguera. Que me diga si alguna ocasión se posó en la frente de un rey, de un emperador o de una mujer hermosa. Yo lo hago siempre que quiero. Beso un seno de marfil, jugueteo entre dorados cabellos y doy más realce a la blancura de un cutis alabastrino. Después de esto, ¿para qué vienes a decirme de los graneros?

—¿Ya terminaste? —dijo la hormiga—. Visitas los palacios, pero te maldicen en ellos, y en cuanto a que pruebas primero lo que sirven a los dioses, ¿qué ganas con eso? Es cierto que entras en todas partes, pero como entran los profanos. Te posas en la frente de los reyes, y en la de los asnos, pero muchas veces pagas con la vida el atrevimiento. Así que deja de vanagloriarte. No tengas tantas pretensiones. Las moscas molestan en todas partes, y los moscones también. Morirás de hambre, frío y miseria cuando vaya Febo a reinar al otro hemisferio. Entonces yo gozaré del fruto del trabajo; no iré por todas partes sufriendo vientos y lluvias; viviré contenta; las fatigas del verano me librarán de preocupaciones en invierno, y podrás ver en mí la distancia que hay entre una verdadera y una falsa gloria. ¡Adiós!, no me hagas perder tiempo, déjame trabajar, que con platicar no se llena la despensa.

El pastor y el mar

Un pastor, vecino de Amfitrite, la diosa del mar, se contentó durante mucho tiempo con el tráfico de su ganado, y vivía tranquilo, porque, aunque escasa, la ganancia era segura. Pero después lo tentaron los tesoros que veía descargar en la playa, y luego de vender las reses se metió a traficante, confiando al mar su fortuna. Toda se perdió en un naufragio, y se vio en la necesidad de cuidar ovejas otra vez, pero ya no era dueño de ellas, como en mejores tiempos. A fuerza de trabajo logró juntar dinero y comenzó a comprar corderillos, y un día que Eolo, conteniendo su aliento, dejaba abordar tranquilamente grandes buques, el pastor exclamó:

—¡Ah, señoras olas!, no vengan a ponerme tentaciones, diríjanlas a otro tonto, porque a mí no me engañarán de nuevo.

Esto no es cuento; uso la verdad para mostrar que vale más pájaro en mano que cien volando; que cada uno debe contentarse con su suerte, y que debemos cerrar los ojos a las tentaciones del mar y de la ambición. Por cada uno que triunfa en ese juego, sucumben mil. El mar promete oros y moros, pero si confían en sus promesas, sólo encontrarán tempestades y piratas.

El pastor y el mar

Batalla de ratones
y comadrejas

Las comadrejas, al igual que los gatos, son enemigas de los ratones, y harían grandes destrozos si éstos no tuvieran tan pequeña la puerta de su casa.

En una ocasión el rey de los ratones, llamado Ratapón, puso su ejército en acción.

Las comadrejas a su vez también levantaron banderas.

Si hemos de creer a la historia, la batalla estuvo difícil y corrió la sangre a ríos, pero quien sufrió mayores pérdidas fue el ejército de ratones, y al final fueron derrotados, por más esfuerzos que hicieron sus jefes Artarpax, Psicarpax y Meridarpax,* quienes cubiertos de polvo, sostuvieron largo tiempo el combate. Pero fue inútil su resistencia, tuvieron que ceder al enemigo. Capitanes y soldados, todos huyeron. Los príncipes murieron, ninguno se salvó. La tropa escapó fácilmente y se metió en sus madrigueras. Pero los grandes señores habían adornado su cabeza con hermosos penachos, como símbolo de honor, o tal vez para causar mayor temor a las comadrejas, y aquello fue su perdición. No había agujero ni rendija bastante grande para ellos, y mientras la plebe se metía en los agujeros más pequeños, las ratas principales eran exterminadas.

La cabeza con penacho es a veces un gran inconveniente. La gente común escapa con facilidad en estos casos; las personas importantes se ven en mayor peligro.

*Nombres tomados o imitados de un poema heróico cómico atribuido a Homero.

El hortelano y su señor

Un aficionado a la horticultura, medio urbano y medio campesino, tenía en cierta aldea un huerto muy bien arreglado y cercado. Lo había cerrado con un seto vivo, y ahí crecían lechugas y acederas, y entre muchas hortalizas, también algunas florecillas. Pero la felicidad que nuestro hombre halló en aquella abundancia, la turbó una liebre que siempre devastaba la huerta, burlando las trampas que le ponían, hasta el punto de que el propietario se quejó con el señor del lugar.

—Debe ser una liebre hechizada —le decía el hortelano.

—¡Hechizada! No lo creo —respondió el señor—, pero aun cuando fuera el mismo diablo, la atraparán pronto mis perros. Te prometo librarte de ella.

—¿Cuándo?

—Mañana, a más tardar.

Y en efecto, al día siguiente se presentó el señor con sus perros de caza.

—Primero hay que almorzar —dijo—; ¿son tiernos esos pollos? Que se deje ver la hija de la casa; acércate, muchacha; ¿cuándo te casas? No te opongas, buen hombre, hay que aflojar la bolsa.

Y diciendo y haciendo entró en coloquio con la moza, la hizo sentar a su lado, le tomó una mano, después el brazo, levantó la punta de la pañoleta. La muchacha se defendía con respeto de aquellas impertinencias, y el padre estaba turbado. Después, el desenfadado señor invadió la cocina y la despensa.

—¿Están bien curados esos jamones? Tienen buen aspecto.

—Están a su disposición, señor.

—Muchas gracias, los admito gustoso.

Comió muy bien, y también los de su comitiva, perros y caballos llenaron la panza. Dispuso como si fuera el único dueño, se tomó las libertades que quiso, se bebió el vino y zarandeó a la moza. Después del almuerzo vino el alboroto de la caza. Cada perro se preparó para la batida, los cuernos y las trompas armaron tal ruido, que el hortelano quedó estupefacto, y lo peor fue el destrozo que hicieron en el huerto. Lo arrasaron todo. ¡Adiós berros y escarolas! Nada quedó para la olla. La liebre estaba debajo de una coliflor, la buscaron y asediaron, pero se escapó por un resquicio, digo mal, por una horrible brecha que por orden del señor hicieron en el seto, porque hubiera parecido mal si no salía de la huerta a caballo. El pobre hortelano exclamó:

—¡Fue peor el remedio que la enfermedad! Entre perros y cazadores hicieron más daño en una hora, de lo que hubieran hecho en un siglo todas las liebres del reino.

Resuelvan ustedes mismos los problemas, príncipes de poca fuerza; serán locos si acuden a los reyes poderosos. Nunca los mezclen en las contiendas propias ni los dejen entrar en sus tierras.

El asno y el cachorro

No hay que forzar el carácter, porque todo nos saldrá mal. Quien es tosco, no se haga el fino. Son pocos los que han recibido del cielo el don de agradar. Quien no lo tenga, debe conformarse, y no hacer como aquel asno, que para captarse la voluntad del amo, se puso a acariciarlo. Pensaba el pobre animal: "Ese perro, por ser zalamero, es mimado por el amo y el ama; con ellos vive en familia; ¡y para mí sólo hay garrotazos! Y ¿qué hace el holgazán? Alarga la patita, y de inmediato lo halagan y besuquean. Si eso basta para que me traten igual, la cosa no es tan difícil.

Con esta idea feliz en la cabeza, vio que el amo estaba de buen humor, así que llegó a él con trote borriqueño, levantó la pata y le plantó en las barbas el casco sucio y desgastado, acompañando el atrevido ademán, para mayor gracia, con el más sonoro de sus rebuznos.

—¡Graciosa caricia y encantadora música! —prorrumpió el amo—. ¿Dónde está el garrote? Entonces el pobre asno cambia de tono y se acaba la obra.

El mono y el delfín

Era costumbre entre los griegos llevar en los barcos monos y perros.

Un buque que llevaba algunos de ellos naufragó cerca de Atenas. Sin los delfines todos los tripulantes hubieran perecido. Este animal es muy amigo de nuestra especie, así lo dice Plinio, y hay que creerle. Los delfines salvaron en aquella ocasión a todos los hombres que pudieron. Hasta un mono, aprovechando su parecido con la raza humana, creyó deberles su salvación. Un delfín lo tomó por persona y lo llevó sobre su lomo; ya iba a dejarlo en la playa, cuando se le ocurrió preguntarle:

—¿Eres nativo de Atenas?

—Sí, y muy conocido en ella —le contestó el mono—. Si tienes allí algún asunto, yo te ayudaré, porque mis parientes ocupan los principales puestos; el alcalde mayor es primo mío.

—Gracias —le contestó el delfín—; y el Pireo, ¿lo frecuentas también?

—¡Ya lo creo! Todos los días voy a verlo, es uno de mis mejores amigos.

El pobre mono tomó el nombre de un puerto por el de una persona. De esta gente, que toma una cosa por otra y que habla de todo, a tontas y a locas, no acaba nunca la semilla.

El delfín sonrió, volvió la cabeza, y al ver al mono, entendió que había sacado del fondo del mar a una bestia; volvió a hundirse en el abismo y fue a ver si quedaba algún ser racional a quien ayudar.

El mono y el delfín

El hombre y el ídolo de palo

Cierto pagano tenía en su casa un ídolo de palo, uno de esos dioses que aunque tienen buenas orejas, están más sordos que una tapia. Sin embargo, el pagano esperaba mucho de él, y gastaba para conseguirlo, porque todo eran ofrendas, votos y sacrificios de bueyes coronados de flores. Nunca un ídolo recibió culto tan pródigo, sin que el pobre devoto alcanzara alguna herencia, encontrara un tesoro, ganara en el juego o tuviera algún beneficio. Por el contrario, tronara por donde fuera, siempre le llegaba la borrasca. Lo pagaba su bolsa, pero no por eso se resentían las ofrendas de la divinidad.

Finalmente, se exasperó por no obtener nada, agarró un hacha e hizo añicos al ídolo venerado, y lo encontró repleto de oro.

—Cuando te trataba bien no me valiste ni un centavo —exclamó indignado—. Sal de mi casa, busca otros altares. Te pareces a las personas groseras y estúpidas de las que no se puede sacar provecho más que a bastonazos. Cuanto más te obsequiaba, más vacías tenía las manos; hice bien en cambiar de procedimiento.

El camello y los palos flotantes

El primero que vio un camello, huyó asustado de aquella novedad; el segundo se acercó a él; el tercero le puso una rienda. La costumbre nos familiariza con todo. Lo que parecía más extraño y terrible, deja de sorprender a nuestros ojos cuando lo vemos a diario.

Es el caso que habían puesto personas como vigías a la orilla del mar, y que esas personas divisaron a lo lejos una cosa que les pareció un gran navío. A los pocos momentos, el navío se convirtió en una barca vulgar, después de un rato en una lancha y luego en un fardo cualquiera, y por último, en unos palos que flotaban en el agua.

A muchos conozco, de quienes se podría decir lo mismo: de lejos, gran cosa; de cerca, sólo unos palos.

El grajo adornado con las plumas del pavo real

Al morir un pavo real, cierto grajo tomó sus plumas y se vistió con ellas. Luego fue a pavonearse entre los compañeros del difunto, creyéndose todo un personaje. Pero no faltó quien lo reconoció, y silbado, escarnecido, desplumado y despedido por los pavos, corrió a refugiarse entre los suyos. Lo cual tampoco le valió, porque también le echaron a la calle.

En el mundo hay muchos grajos que se adornan con cosas ajenas. Se llaman plagiarios. Pero mejor paso a otra cosa, nada tengo que ver con ellos.

El caballo vengándose del ciervo

No siempre sirvió el caballo para el hombre. Cuando la raza humana se nutría de bellotas, asno, caballo y mulo eran habitantes libres de las selvas. No se veían entonces, como ahora vemos, tantas bridas y sillas, tantos arneses para la guerra, tantos coches y carrozas. Pues bien, en aquel tiempo un caballo enemistado con un ciervo iba en su persecución, y al no poder alcanzarlo en la carrera, invocó la ayuda del hombre. Éste le puso freno, se le subió al lomo y lo condujo sin darle descanso, hasta que alcanzaron al ciervo y lo mataron.

Ya logrado lo que deseaba, el caballo dio mil gracias a su bienhechor, diciéndole:

—Estoy a tus órdenes; ¡adiós!, regreso a mi selvático albergue.

—No harás eso —contestó el hombre—; estarás mejor en mi casa; ya conozco lo que vales; quédate y serás tratado a cuerpo de rey.

¡Ay! ¿De qué sirve la buena comida cuando falta la libertad? Se dio cuenta el caballo que había hecho una gran tontería, pero ya era tarde. La cuadra estaba dispuesta. El pobre murió arrastrando una carreta. Más le hubiera valido perdonar un leve agravio.

Suele ser grande el placer de la venganza, pero siempre es demasiado caro al precio de la libertad, el mayor bien que existe.

Tributo enviado por los animales a Alejandro

En la antigüedad existió una fábula, cuyo fundamento ignoro. Que el lector saque la moraleja. Ahí va tal cual.

Divulgó la fama en todas partes que un hijo de Júpiter, un tal Alejandro, no quería que se excluyera nadie de su imperio, mandaba que sin pérdida de tiempo fueran a rendirle homenaje hombres y animales de toda especie, lo mismo cuadrúpedos que volátiles, desde el elefante hasta el gusano.

Así fue el edicto del nuevo emperador, que publicó la diosa de las cien lenguas, y aterrorizados los animales selváticos, que vivían como querían, comprendieron que tendrían que someterse a nuevas leyes. Se juntaron en el desierto, saliendo cada uno de su madriguera. Y después de mucho discutir, resolvieron hacer homenaje y enviar tributo.

Del homenaje encargaron al mono; le pusieron por escrito lo que debía decir. El tributo es lo que les daba más pena. ¿Cómo conseguir dinero? Un príncipe muy amable, que tenía en sus tierras minas de oro, les facilitó cuanto quisieron. Para llevar el tributo, se ofrecieron el mulo, el asno, el caballo y el dromedario.

Se pusieron en camino los cuatro, acompañados por el mono, hecho todo un embajador. La caravana encontró a su majestad el león, lo cual no les hizo mucha gracia.

—Que encuentro tan oportuno —dijo el regio animal—, haremos juntos el viaje. Iba a llevar mi tributo por separado, pero, aunque pese poco, me incomoda cualquier carga. Háganme el favor de llevarla repartida entre los cuatro, será poca molestia. Yo quedaré libre, por si acaso nos topamos con ladrones y haya que pelear.

Desairar a un león no es adecuado, así que lo admitieron en la compañía; lo descargaron, lo obsequiaron, y sin acordarse del héroe descendiente de Júpiter (Alejandro), comieron y bebieron a expensas de la bolsa común. Llegaron a una pradera bordada de flores y surcada de arroyuelos, donde pacían las ovejas tranquilas, fresco albergue que parecía patria del viento suave y juguetón. Apenas se vio allí, dijo el león a sus compañeros que estaba enfermo.

—Sigan con la embajada —añadió—; siento un fuego en las entrañas, y voy a buscar alguna hierba saludable. Vayan, no pierdan tiempo. Regrésenme mi dinero, puedo necesitarlo.

Abrieron las maletas, y el león exclamó muy gustoso:

—¡Cuántos hijos han tenido mis doblones! Miren, miren, muchos de ellos son ya casi tan grandes como sus padres. La cría me pertenece —y lo tomó todo, o casi todo.

El mono y las bestias de carga, sorprendidos, emprendieron el camino, sin atreverse a replicar. Parece que se quejaron al gran Alejandro, pero no les dio la razón.

¿Qué podía hacer? ¿Luchar león contra león? El adagio nos enseña que el lobo no muerde al lobo; no tiene caso.

La zorra y el busto

La mayoría de los grandes son como máscaras de teatro. La apariencia se impone a la credulidad del vulgo. El asno sólo juzga por lo que ve en ellas; la zorra, por el contrario, las examina a fondo, volteándolas hacia uno y otro lado, y cuando observa que no tienen bueno más que el exterior, les aplica la sentencia que el busto de un héroe le sugirió en cierta ocasión. Era un busto hueco, de tamaño mayor que el natural. La zorra, elogiando el mérito de la escultura, exclamó:

—¡Hermosa cabeza! ¡Lástima que no tenga sesos!

¡Cuántos personajes de alto copete son como este busto!

El lobo, la cabra y el cabrito

Iba la cabra en busca de pastos frescos para llenar sus ubres agotadas, y al cerrar la puerta, le dijo al cabrito:

—Cuida bien de no abrir, como no te den esta consigna: "Maldito sea el lobo y toda su raza". Por casualidad pasaba el lobo, oyó aquellas palabras y las retuvo en su memoria. La cabra no había visto al voraz lobo. Éste, apenas la vio partir, llamó a la puerta, diciendo, con la voz mejor fingida que pudo:

—Maldito sea el lobo y toda su raza —creyendo que en el acto le abrirían.

El cabrito, suspicaz, miró por la rendija.

—Enséñame la pata blanca, si quieres que abra —le dijo.

Pero el lobo no tiene patas blancas. Así que el feroz animal, molesto, regresó al bosque.

¿Qué sería del cabrito si hubiera creído en la consigna sorprendida por el lobo?

Las precauciones nunca están de sobra. En estas cosas, es mejor pecar por exagerar que por no hacerlo.

La rana y el ratón

En muchas ocasiones, quien trata de engañar a otro, se engaña a sí mismo.

Un ratón, gracioso y panzudo, que no conocía ayuno ni vigilia, descansaba a orillas de un pantano. Se le acercó una rana, y le dijo en su lengua:

—Ven a verme mañana; tendrás un buen banquete.

El ratón aceptó desde luego; la rana no tenía necesidad de insistir más. A pesar de ello, mencionó las delicias del baño, el placer del viaje, las muchas cosas dignas de verse que había en el pantano. En algún tiempo podría contar su huésped a sus nietos las bellezas de aquellos sitios, las costumbres de sus habitantes y el gobierno de la república acuática. Sólo había un inconveniente para el ratón; nadaba poco, y necesitaba ayuda. La rana encontró pronto el remedio; amarró a sus patas traseras las delanteras de él; un junco tierno y flexible sirvió para el caso. Ya dentro del agua, nuestra buena comadre se esfuerza en echar al fondo a su compadre, sin reparar en el derecho de todos ni en la fe jurada. No pensaba más que en las sabrosas tajadas que haría de su víctima, y ya se relamía el hocico. El pobre ratón invocaba a todos los dioses, pero la rana se burlaba de él.

Empujando una y resistiendo el otro, acertó a verlos peleándose en el agua un milano que volaba cerca. Se arroja sobre el ratón y lo atrapa con las garras, y tras el ratón el lazo de junco, y tras el lazo de junco, la mismísima rana. ¡Le cayó muy bien al ave rapaz la doble presa! Tuvo para cenar carne y pescado.

La trampa más astuta es a veces la ruina de quien la inventó. La perfidia a menudo se vuelve contra el mismo pérfido.

El lobo, la madre y el hijo

Un labriego tenía su vivienda muy fuera del camino. El lobo estaba atisbando a la puerta, había visto salir reses de todo tipo, becerros lecheros, corderos y ovejas, sin contar una buena manada de pavos. ¡Qué provisión tan suculenta! Esperaba y se desesperaba, cuando oyó llorar a un niño. Su madre lo reñía y lo amenazaba con echarlo al lobo, si no se callaba. El animal era todo oídos, y ya agradecía a los dioses por tan buena suerte, cuando la madre, acariciando al niño, le dijo:

—No llores, pobrecito; si viene el lobo, verás cómo lo matamos.

—¿Cómo se entiende? —exclamó la fiera—, tan pronto dice una cosa como otra. ¿Así se juega con alguien como yo? ¿Acaso soy un bobo? ¡Que venga ese niño a coger cerezas al bosque!

Así decía, cuando se abrió la puerta. Un mastín se le echa al cuello, estacas y horquillas caen sobre él y por todas partes lo sujetan.

—¿Qué venías a buscar? —le preguntan, y el desdichado cuenta el caso.

—¡Válgame Dios! —gritaba la madre—; ¡comerte tú al hijo de mis entrañas! ¡Para eso lo habré criado!

Llenaron al lobo de garrotazos. Un gañán le cortó las patas delanteras y la cabeza. El jefe del pueblo las hizo clavar en el portal con un letrero que decía: "Señores lobos, no hagan caso de las madres que amenazan al hijo llorón".

El lobo, la madre y el hijo

El viejo y sus hijos

Es débil todo reino desunido. Esopo mencionó esto. Si agrego algo a lo que él dijo, es por pintar nuestras costumbres, no por mejorar la obra. No me creo capaz de ello. Fedro tenía esta vanagloria. A mí me parecería impropia tal pretensión. Pero, veamos la fábula, o mejor, la historia del que se esforzó por mantener unidos a todos sus hijos.

Un viejo que estaba enfermo, llamó a sus hijos y les habló en esta forma:

—Traten de romper este haz de flechas. Después les explicaré el lazo que los sujeta.

Lo tomó el mayor, usó toda la fuerza que pudo para romperlo, y se lo devolvió entero, diciendo:

—Se lo doy a otro más fuerte.

Siguió el segundo hijo; se esforzó cuanto pudo, pero sin lograrlo. Probó el hijo menor, y también perdió el tiempo. El haz resistió, ni una sola de las flechas se rompió.

—Son gente de poca fuerza —dijo el padre—; van a ver la mía. Creyeron que bromeaba y sonrieron, pero el viejo, separando las flechas, las quebró una por una con la mayor facilidad.

—Están viendo —repuso— el efecto de la unión. Permanezcan unidos, hijos míos; que los ponga de acuerdo siempre el cariño.

Y mientras duró su enfermedad, no habló de otra cosa. Cuando sintió que iba a morir, les dijo:

—Queridos hijos, voy a reunirme con nuestros padres. ¡Adiós! Prométanme vivir como buenos hermanos. Que logre este consuelo en la última hora.

Los tres hijos se lo prometieron llorando; él les tomó las manos, y murió.

Los hermanos encontraron un patrimonio copioso, pero embrollado; un acreedor pidió el embargo, un colindante metió pleito. Al principio se defendieron bien pero su acuerdo terminó pronto, la sangre los había unido; el interés los separó. Se entrometieron en la herencia la ambición, la envidia y los abogados. Llegan por fin al reparto, discuten y pelean, el juez condena tan pronto al uno como al otro; los vecinos y los acreedores atacan de nuevo, los hermanos desunidos no se ponen de acuerdo, uno quiere litigar, otro quiere transigir y el otro no quiere hacer nada.

Todos perdieron su herencia, y cuando quisieron juntar las flechas esparcidas, ya era tarde.

Respuesta de Sócrates

Sócrates mandó construir una casa, y todos criticaban la obra. Unos decían que el interior era indigno para una persona de tanto valor. A otros les parecía mal la fachada, y todos estaban de acuerdo en que la habitación era muy pequeña.

—¡Qué incomodidad! —exclamaban—. No podrá moverse ahí dentro.

—Así como es la casa de pequeña —respondió el filósofo—, daría muchas gracias a Dios si la viera llena de verdaderos amigos.

Tenía razón el sabio Sócrates al considerar demasiado grande su casa para recibir a los amigos, porque todos se dicen amigos, pero de nombre; los verdaderos son contados.

El oráculo y el incrédulo

Es pretensión loca querer engañar al cielo. Los corazones, en su oscuro laberinto, no tienen algún rincón que escape a la mirada de los dioses. Ven todo lo que hace el hombre, hasta aquello que más esconde en la sombra.

Cierto pagano, poco devoto, que no creía en los dioses más que a beneficio de inventalo, fue a consultar a Apolo. Cuando estuvo ante sus aras, le dijo:

—Lo que tengo en la mano, ¿está vivo o muerto?

Tenía en la mano un gorrión, y estaba dispuesto a ahogar al pobre pajarillo o soltarlo de inmediato, para sorprender a Apolo en falso. Pero el dios sabía con quién trataba.

—Muerto o vivo —le contestó—, enséñame el gorrión, y no me pongas trampas. No te servirán tus ardides; veo de lejos, y de lejos también puedo herir.

El zorro de la cola cortada

Un zorro maduro y de los más ladinos, gran destripador de pollos y cazador de conejos, cayó de pronto en una trampa, y aún tuvo suerte, porque, después de todo, escapó de ella, pero dejó allí la cola. Ya salvado, deseó, para ocultar su vergüenza, ver sin cola a todos sus semejantes, y un día que los zorros celebraban consejo, les dijo:

—¿De qué nos sirve este peso inútil que llevamos arrastrando por los senderos fangosos? ¿Para qué queremos la cola? Hay que cortarla. Si me creen, háganlo.

—Es bueno el consejo —dijo uno de los de la junta—, pero haz el favor de voltearte y se te contestará.

Y al decir esto, estalló tal rechifla y escándalo, que el pobre rabón no pudo hacerse oír. Era inútil proseguir. La moda de la cola continuó, y aún sigue.

El avaro que perdió su tesoro

Nada posee quien no utiliza lo que tiene.

Díganme esos avarientos cuya única pasión es atesorar sin descanso, en qué aventajan a los demás. Diógenes es tan rico como ellos, puesto que ellos viven tan miserables como él. Sirva de ejemplo el avaro del tesoro escondido, de quien nos habla Esopo.

Aquel desdichado aguardaba una segunda vida para gozar de su fortuna, no era dueño, sino esclavo de sus riquezas. Tenía una fuerte cantidad escondida bajo tierra, y con ella estaba sepultado su corazón; su único placer era pensar en aquel tesoro noche y día, jurando y perjurando respetarlo siempre. Fuera o viniera, comiera o bebiera, nunca apartaba el pensamiento del lugar donde estaba enterrado su tesoro. Tantas veces fue a visitarlo, que lo vio un cavador y sospechó algo, buscó el tesoro y se lo llevó sin decir palabra. El avaro encontró el nido vacío, el pájaro había volado.

Y vean a nuestro hombre gimiendo y suspirando. ¡Qué llanto y qué lamentos! Una persona le pregunta qué es lo que le aflige.

—¡Me han robado mi tesoro!

—¿Tu tesoro? ¿De dónde?

—De aquí, junto a esta piedra.

—¿Pues qué estamos en tiempo de guerra para llevarlo tan lejos? ¿No hubiera sido mejor guardarlo en casa? A cualquier hora podrías usarlo.

—¿A cualquier hora? ¡Santo Dios! ¡Buena la hubiera hecho! ¿Acaso el dinero viene como se va? Yo no tocaba nunca mi tesoro.

—Entonces, ¿por qué te afliges en esa forma? Puesto que nunca tocabas aquel tesoro, pon una piedra en su lugar, será lo mismo.

El avaro que perdió su tesoro

Las orejas de la liebre

Un animal cornudo hirió al león, quien furioso, a fin de que no se repitiera el golpe, desterró de sus dominios a todos los animales provistos de cuernos. Carneros, cabras y toros echaron a correr en seguida; gansos y ciervos se fueron también, todos desaparecieron. Una liebre, al ver la sombra de sus orejas, tuvo miedo de que algún inquisidor las confundiera con cuernos.

—¡Adiós, vecino! —le dijo al grillo—, tengo que abandonar este país. Ya verás cómo al fin resulta que mis orejas son cuernos, y aunque las tuviera más cortas que el avestruz, sería igual.

—¿Me crees bobo? —replicó el grillo—. Orejas y sólo orejas son las tuyas.

—Dirán que son cuernos —dijo el temeroso animal—, y cuernos de los más terribles. En vano protestaré, seré condenada y verás cómo me aprietan el pescuezo.

El ojo del amo

Un ciervo se refugió en un establo de bueyes, y éstos en cuanto lo vieron le aconsejaron que buscara mejor albergue.

—Hermanos —contestó—, no me descubran; les diré dónde están los mejores pastos, ya ven que de algo les puedo servir.

Los bueyes prometieron guardar silencio. Se escondió el ciervo en un rincón, respiró y tomó aliento. Llegó la tarde, trajeron yerba fresca y forraje como todos los días, iban y venían los mozos de cuadra y de labranza; se acercó el mayoral en persona, pero ninguno de ellos notó ni las puntas de la enhiesta cornamenta. El ciervo ya agradecía a Dios, aguardando que se fueran de nuevo a la labor, para escapar en el momento oportuno. Uno de los bueyes le dijo:

—Hasta ahora todo va bien, pero aún no ha hecho su ronda el hombre de los cien ojos. Temo por su visita. Hasta entonces no te des por seguro, pobre ciervo.

Apenas había dicho esto, se presenta el amo.

—¿Qué es esto? —grita a su gente—. Veo poca yerba en esos pesebres. Estas camas están sucias; traigan más paja. Tienen poco cuidado de las cabalgaduras. ¿Qué cuesta quitar todas esas telarañas? ¿Por qué no poner en orden esas cabezadas y colleras?

Y mirando y remirando ve una cabeza de más entre las bestias del establo. El ciervo es descubierto; cada uno toma un garrote y le dan de garrotazos. Fueron inútiles las lágrimas para salvarlo. Se llevaron el cuerpo, lo salaron y las tajadas les gustaron mucho al amo de la casa y a su gente.

Fedro lo dijo muy bien, a propósito de esta fábula: "No hay ojo tan avizor como el del amo". Yo agregaría: y el del amante.

El ojo del amo

El campesino, la alondra y sus polluelos

Sólo confía en ti mismo; es una máxima muy sabia. Vas a conocer el ejemplo que nos dio Esopo.

Cuando verdean los trigos, hacen su nido en ellos las alondras, es la estación en que todos sienten el aguijón del amor; los monstruos marinos en el fondo del océano; los tigres en la selva; las alondras en los campos. Una de éstas había dejado pasar la mitad de la primavera, sin probar los placeres del amor, pero al fin decidió seguir los impulsos de la naturaleza y quiso ser madre.

Construyó un nido de prisa, puso sus huevecillos y los cobijo. Nacieron los polluelos poco después; todo iba bien. Estaban ya maduras las mieses en aquellos contornos, antes que la cría tuviera fuerzas para volar, y recelosa la alondra, al separarse de sus hijos en busca del sustento, les recomendó mucho que estuvieran siempre alerta.

—Si viene el dueño del campo, con su hijo, como vendrá, escuchen bien, y según lo que diga, veremos qué hacer.

En cuanto dejó la alondra a su familia, llegó el dueño del campo con su hijo.

—Ya están maduros estos trigos —dijo—, ve a buscar a los amigos y encárgales que tome cada uno su hoz y vengan a ayudarnos al despuntar el día.

Regresa la alondra y encuentra alarmadísima a su prole. Comienza uno:

—Ha dicho que mañana, al rayar el alba, vengan sus amigos a ayudarle.

—Si sólo ha dicho eso —contestó la madre—, todavía no urge dejar el nido. Mañana es cuando hay que atender bien lo que digan. ¡Vaya! No se aflijan, aquí les traigo comida.

Y después de comer bien, se duermen todos, la madre y los hijos.

Amanece el día siguiente y no acuden los segadores. Echa a volar la alondra, y el dueño del campo viene a hacer su visita acostumbrada.

—Estos trigos —iba diciendo— no debieran estar ya en pie. Mal obran nuestros amigos, y aún obra peor quien confía en tales perezosos. Hijo, ve a buscar a nuestros parientes y diles que vengan a ayudarnos.

¡Ahora sí que cunde la alarma en el nido!

—¡Ha llamado a sus parientes, madre! Llegó el momento...

—No, hijos míos, duerman en paz, no nos movemos aún.

Tuvo razón la alondra, porque nadie acudió. Por tercera vez viene el labrador a ver los campos de trigo.

—¡Qué mal hacemos en confiar en los demás! —exclama—. ¿Qué mejores amigos y parientes que nosotros mismos? Tenlo presente, hijo, ¿sabes qué debemos hacer? Tomar nosotros y nuestros mozos las hoces mañana mismo, es lo más seguro y lo más pronto; comencemos de inmediato y se acabará la siega cuando se pueda.

Cuando lo sabe la alondra, dice:

—Ya no hay tiempo que perder, vámonos, hijos míos.

Y revoloteando como pueden, se alejan de este lugar.

El campesino, la alondra y sus polluelos

El leñador y Mercurio

Su gusto me ha servido de norma en estas fábulas; a obtener su aprobación se han dirigido mis esfuerzos. Quieren que no se exagere el artificio y que se prescinda de ornamentos vanos. Opino lo mismo: el autor que quiere adornar demasiado sus obras, las echa a perder. Esto no significa que deban condenarse ciertos rasgos delicados; esos rasgos les gustan, y a mí no me desagradan. En cuanto al principal objeto que Esopo se propone, hago lo que puedo por lograrlo. Si lo que escribo no instruye ni deleita, créanme, no es culpa mía.

Como no tengo fuerzas para atacar el vicio de frente con el brazo de Hércules, me contento con ponerlo en ridículo. Pinto unas veces la necia vanidad junto con la envidia, que son los dos polos sobre los que gira hoy el mundo; bien las representa aquel animalejo que quiso hincharse hasta igualar al buey. Opongo a veces, con doble imagen, el vicio a la virtud, la tontería a la sensatez, los corderos a los voraces lobos, la mosca a la hormiga. Y así convierto esta obra en una vasta comedia de cien diversas jornadas, cuya escena es el Universo entero. Hombres, dioses, animales, todos tienen papel en ella, hasta el mismísimo Júpiter. Ahora sale a escena el dios que lleva sus mensajes a las hermosas, aunque no se trata ahora de estas tareas.

Un leñador perdió lo que le daba de comer, que era el hacha, y buscándola en vano, se lamentaba de tal suerte que daba lástima escucharlo. No tenía ningún objeto para empeñar o vender, su único tesoro era aquel pobre instrumento. Ya sin ninguna esperanza, las lágrimas bañaban su rostro.

—¡Hacha mía! ¡Pobre hacha! —gritaba—; ¡devuélvemela, oh, Júpiter poderoso, y te deberé otra vez la vida!

En el Olimpo escucharon sus lamentos y Mercurio acudió.

—El hacha no se ha perdido —le dijo—; ¿la reconocerías? He encontrado una muy cerca de aquí.

Y le presentó un hacha con mango de oro. El leñador le respondió:

—Ésa no es la que busco.

Después le mostró otra hacha con mango de plata, pero también la rechazó. Luego le mostró una tercera hacha, con mango de madera.

—Ésta es la mía —exclamó entonces—, dámela y quedo satisfecho.

—Las tres serán para ti —dijo el dios—, tu buena fe merece ser recompensada.

—Si es así —repuso el leñador—, yo las acepto.

La noticia se propagó y era de ver cómo perdía su hacha cualquier tipo de leñador, para que se las devolvieran los dioses. El rey del Olimpo no sabía a quién atender, y de nuevo envió a su hijo Mercurio, quien mostró a cada uno de aquellos alborotadores un hacha de oro. Todos ellos pensaron que serían muy brutos si no gritaban al punto: "¡Esa es la mía!" ¿Y saben qué les dio Mercurio? Un buen hachazo en la cabeza.

Lo más seguro es no mentir y contentarse con lo suyo cada quien. ¡Aunque hay tantos que están siempre pensando en fraudes para su negocio! Pero no les vale; Júpiter no se deja engañar tan fácil.

El leñador y Mercurio

La olla de hierro y la de arcilla

La olla de hierro propuso un viaje a la de arcilla. Ésta se disculpó, alegando que estaba mejor quietecita junto al fogón, porque era tan frágil que el menor choque la quebraría. Regresaría hecha añicos.

—Tú tienes la cáscara más fuerte —le decía a su compañera—, y no corres el mismo peligro.

—Yo te pondré a cubierto —le contestó la olla de hierro—; si algún objeto duro te amenaza, yo me interpondré, salvándote del golpe.

Este ofrecimiento la convence, y las dos ollas emprenden el camino, moviendo sus tres patas, cojeando y arrastrándose como pueden, y chocando una contra otra al menor traspiés. ¿Quién lo pagó? La pobre olla de arcilla, que apenas habían andado cien pasos, fue hecha pedazos por su misma compañera. Y ni siquiera se atrevió a quejarse.

No nos asociemos más que con nuestros iguales, si no queremos que nos pase como a la olla de arcilla.

El pececillo y el pescador

El pez pequeño se hace grande, si Dios le da vida, pero soltarlo para que crezca, me parece necedad, porque nadie está seguro de pescarlo otra vez.

Una carpa pequeñísima cayó en manos de un pescador, a la orilla de un río.

—Algo es algo —dijo nuestro hombre al ver la pesca—, ya no me quedaré sin cena; pongámosla en la canasta.

Pero el infeliz pececillo le dice a su manera:

—¿Para qué me quieres? Ni medio bocado tienes en mí. Déjame crecer, luego me pescarás y me comprará a buen precio alguno de tus parroquianos. Ahora, ni con otros cien como yo puedes hacer la cena; y después de todo, ¡qué cena tan pobre!

—Pobre o no, irás a la sartén, amigo mío —replicó el pescador—; predicas en vano. Esta misma noche quedarás frito.

Y tenía razón: más vale pájaro en mano que cien volando.

El pececillo y el pescador

El sátiro y el pasajero

En el fondo de una caverna selvática, un sátiro y sus hijos iban a comer su provisión. Alrededor del caldero, estaban acurrucados sobre el duro suelo el padre, la madre y los pequeños. No tenían manteles ni servilletas; pero apetito, no les faltaba.

Para guarecerse de la lluvia entró un viajero en la caverna todo aterido. No lo esperaban, pero a pesar de ello, lo invitaron a la comida. No hubo necesidad de repetir la invitación. El convidado, sopló primero los dedos, para calentárselos; después sopló del mismo modo la comida que le dieron. Se sorprendió el sátiro y le preguntó:

—¿Qué estás haciendo?

—Soplando enfrío la comida; y soplando me caliento las manos.

—Pues largo de aquí —replicó el de la cueva—, no quiero en mi casa gente que al mismo tiempo sopla frío y caliente.

La vieja y las dos sirvientas

Era una vieja que tenía dos sirvientas. Hilaban tan bien que las hilanderas famosas se les quedaban atrás. La vieja sólo pensaba en dar trabajo a sus sirvientas. Desde que despuntaba la aurora por el rosado Oriente, se ponían en movimiento ruecas, husos y devanaderas, y ya no había descanso. Apenas cantaba el gallo, nuestra buena vieja, tan vigilante como él, se echaba encima un jubón mugriento, encendía una lamparilla y corría al fementido lecho donde dormían a pierna suelta las míseras hilanderas. Entreabría un ojo una, alargaba un brazo la otra, y ambas malhumoradas decían entre dientes:

—Tú la pagarás, gallo maldito.

Y como dijeron lo hicieron; atraparon al matutino despertador y le cortaron el cuello. Pero aquel asesinato no mejoró su suerte. Apenas se habían acostado, la vieja desconfiada, por temor a que se le pasara la hora, corría como un duende por toda la casa.

Así pasa muchas veces. Por salir de un mal paso, nos enfrascamos más en él. Son buenos testigos estas dos sirvientas.

La vieja y las dos sirvientas

El labrador y sus hijos

Trabajen, trabajen siempre; ese es el caudal más seguro.

Un labrador que tenía dinero, cuando sintió que se moría, llamó a sus hijos y les habló sin testigos.

—Cuídense bien —les dijo— de vender la hacienda que nuestros padres nos dejaron, en ella hay un tesoro escondido. No sé en qué sitio, pero busquen y lo encontrarán. Labren bien el campo, y cuando levanten la cosecha, remuevan la tierra, no dejen ningún lugar sin que lo escudriñen el pico y el azadón.

Al morir el padre, los hijos labraron el campo, y volvieron a labrarlo. Lo revolvieron todo, nada dejaron sin escudriñar. Al cabo de un año dio el doble de cosecha. No se encontró nada de dinero, porque no había. Pero la sabiduría del padre les enseñó, antes de morir, que el mejor tesoro es el trabajo.

El caballo y el lobo

En la estación en que las suaves brisas hacen verdear los campos, y todos los animales dejan la madriguera para buscarse la vida, cierto lobo divisó a un caballo que habían soltado en la pradera.

—¡Qué alegría! ¡Buena caza se prepara! —dijo para sí—. ¡Lástima que no seas borrego! Caerías en mis garras de inmediato. Contigo tendré que recurrir al ardid. Veamos.

Y diciendo así, se acercó pasito a pasito. Se fingió alumno de Hipócrates y le dijo que conocía las virtudes de todas las yerbas de aquel prado, y que sabía curar toda clase de molestias. Si el caballo se dignaba decirle cuál era su dolencia, el lobo lo curaría gratis, porque verlo pastando suelto en aquel paraje era, según la ciencia, indicio seguro de alguna enfermedad.

—Lo que yo tengo es un tumor en la pata.

—No hay parte del cuerpo más propensa a males. Tengo el honor de asistir a los señores caballos; también soy cirujano.

El bribón sólo pensaba en ganar tiempo para caer sobre su presa. Pero el caballo, que lo veía venir, le dio tal par de coces, que le deshizo las quijadas.

—Merecido lo tengo —dijo para sus adentros el lobo atribulado—; zapatero a tus zapatos; ¿por qué me metí a herbolario, si no soy más que hachero?

El caballo y el lobo

El parto de los montes

Una montaña preñada lanzaba tales alaridos, que creían las personas que daría a luz una ciudad tan grande, por lo menos como París. ¿Saben lo qué alumbró? ¡Un ratoncillo!

Cuando pienso en esta fábula, fingida en su invención, pero muy cierta en su sentido, creo escuchar un poema que comienza así:

> *Quiero cantar con ímpetus pujantes*
> *La tremebunda guerra*
> *Que hizo la grey audaz de los Gigantes*
> *A Jove, el de los rayos fulgurantes,*
> *Señor del cielo y tierra.*

Y toda esa sublimidad suele parar en palabrería hueca.

La fortuna y el muchacho

Al borde de un pozo muy hondo dormía, tendido a lo largo, un muchacho en vacaciones; los chicos no necesitan más almohada ni colchón. Un hombre, en su caso, habría dado un brinco de veinte brazas. Tuvo la suerte de que pasara por allí la fortuna, quien lo despertó suavemente y le dijo:

—Amiguito, te he salvado la vida, para otra vez procura ser más precavido. Si hubieras caído al pozo, me echarían a mí la culpa, y era sólo tuya. Di con la mano sobre el corazón si de esa imprudencia puedo ser responsable.

Y después de decir esto se fue.

Tenía razón la fortuna; de todo lo que pasa en el mundo la culpamos; de todas nuestras aventuras ha de responder. Somos majaderos o aturdidos, o tomamos mal nuestras medidas, porque en seguida exclamamos: "¡Pícara suerte!" Ella siempre es la culpable.

La fortuna y el muchacho

El león que iba a la guerra

Un león planeaba una gran empresa. Tuvo consejo de guerra y envió mensajeros, avisó a todos los animales. Cada quien tuvo oficio según sus facultades.

El elefante tenía que soportar en su robusto lomo las cosas necesarias para guerrear según la usanza de aquel tiempo; el oso debía aprestarse para el asalto; el zorro disponer secretos ardides, y el mono distraería al enemigo con sus gestos y volteretas.

—Despachen —dijo un entrometido— a los asnos, que son muy pesados, y a las liebres, que de todo se asustan.

—Nada de eso —contestó el león—, ellos también tienen empleo; el asno aturdirá a la gente, sirviéndonos de trompeta, y la liebre será nuestro correo.

El monarca prudente y avisado saca partido hasta de sus más humildes súbditos, discerniendo para qué sirve cada uno. Para el hombre discreto todo es útil.

Los médicos

El doctor Tantum Melius fue a visitar a un enfermo a quien también trataba el doctor Tantum Pejus. El primero confiaba en el alivio del paciente, y su colega sostenía que pronto estaría el doliente en el otro mundo. Cada cual recetó su tratamiento, distinto por supuesto, y el enfermo rindió su tributo a la naturaleza, después de aceptar los consejos del doctor Tantum Pejus.

Ya estaba en el otro mundo, y todavía alegaban los doctores sobre aquel caso. Decía uno:

—¿Ves cómo ha muerto? Bien previsto lo tenía.

—Si me hubieran creído —decía el otro—, estaría bueno y sano.

Los médicos

La liebre y la perdiz

No hay que burlarse de los desgraciados porque, ¿quién está seguro de ser siempre dichoso? El sabio Esopo nos da uno o dos ejemplos en sus fábulas. El que voy a presentar es, en el fondo, igual a los suyos.

La liebre y la perdiz, huéspedes de un mismo campo, gozaban de tranquila vida, cuando llegó una jauría, y la primera tuvo que salir corriendo. Se metió en su agujero y engañó a los perros, pero la delató su tufo; uno de los perros la olfateó, y pensó: "Esta es mi liebre". Se arrojó sobre ella, y la infeliz murió en su propia cama.

La perdiz se burlaba y decía:

—¿No te alababas de ser tan ligera de patas? ¿Qué has hecho de ellas? —y echó a reír.

En aquel mismo instante la descubren. Creyó que sus alas la salvarían de cualquier peligro, pero no contaba la pobrecilla con las garras del milano.

La gallina de los huevos de oro

La avaricia rompe el saco. Para probarlo me basta el ejemplo de la gallina que, según dice el cuento, ponía huevos de oro. Su dueño creyó que tenía un tesoro dentro del cuerpo, así que la mató y la descuartizó, sólo para darse cuenta que era completamente igual a las demás gallinas. Y de este modo perdió su fortuna.

¡Buena lección para los codiciosos! En estos tiempos ¡a cuántos hemos visto que por querer hacerse ricos de la noche a la mañana, se han quedado sin nada!

La gallina de los huevos de oro

La culebra y la lima

Cuentan que una culebra, vecina de un relojero —¡mala vecindad!— entró en su tienda, y al no encontrar otra cosa que comer, comenzó a roer una lima de acero. La lima le dijo sin enojarse:

—¿Qué haces, pobre ignorante? La emprendes contra uno más duro que tú, insensata culebra. Antes que hacer mella en mí, se habrán gastado todos tus dientes. Yo sólo les tengo miedo a los dientes del tiempo.

La lección va dirigida a las personas de cortos alcances que no sirven para nada y todo lo critican y muerden. En vano se atormentan. Sus colmillos no pueden hincarse en las obras de verdadero mérito. Son para ellos de acero, de bronce y de diamante.

El ciervo y la viña

Gracias a una viña muy frondosa, tal como sólo las hay en ciertos climas, se había escondido y salvado un ciervo. Los cazadores pensaron que los perros habían perdido el rastro, y los llamaron. El ciervo al creerse libre del peligro, hincó el diente en los hojas bienhechoras; ¡habrase visto mayor ingratitud! Los cazadores oyeron cómo comía y rumiaba, así que regresaron, lo hicieron saltar y allí lo cazaron.

—¡Tengo bien merecido este castigo! ¡Aprendan ingratos! —decía mientras caía.
Lo destrozó la jauría, y fue inútil su llanto cuando llegaron los monteros.

¡Exacta imagen de los que profanan el asilo que les sirve de salvación!

El ciervo y la viña

El asno cargado de reliquias

Un asno cargado de reliquias creyó el muy necio que lo adoraban, y con esta idea andaba serio y orgulloso, recibiendo como cosa propia los cánticos y el incienso. Alguien lo observó y le dijo:

—Señor asno, sáquese de la cabeza vanidades y tonterías. Esas reverencias no son para su merced, sino para lo que lleva cargando.

Así les sucede a algunos asnos con toga; lo que se respeta en ellos es la ropa.

El águila y el búho

El águila y el búho pusieron fin a sus peleas y se dieron un abrazo. Juró cada quien respetar los polluelos del otro.

—¿Conoces a los míos? —preguntó el ave de Minerva.

—No —contestó el águila.

—¡Malo! —replicó el pájaro fúnebre—. Temo por su pellejo; será milagro que se salven. Como eres rey, en nada reparas; los monarcas y los dioses todo lo miden con el mismo rasero. ¡Adiós mis hijos, si das con ellos!

—Enséñamelos, o explícame cómo son, y ten la seguridad de que no he de tocarlos.

—Mis polluelos son monísimos, gallardos, bien formados; no hay más lindos en todo el reino de las aves. Con estas señas no podrás desconocerlos. Recuérdalas bien.

El búho tuvo cría, y una tarde que estaba de caza, divisó el águila en el hueco de una roca o en el agujero de una pared ruinosa —que de ello no estoy seguro— unos animalejos monstruosos, repugnantes, de aire hosco y voz chillona.

"No pueden ser éstos los hijos de mi amigo", pensó el águila. Se lanzó sobre ellos y los engulló sin más ni más. Al regresar a su casa el búho, sólo encontró las patas. Entonces se quejó a los dioses y les pidió que castigaran al bandido causante de sus desgracias, y alguien le dijo:

—Cúlpate a ti mismo, o mejor dicho, a la ley natural que nos hace ver a los nuestros hermosos, esbeltos y encantadores. Con esa descripción que hiciste al águila de tus hijos, ¿cómo los iba a reconocer?

El águila y el búho

El asno cubierto con la piel del león

Un asno que se había cubierto con la piel de un león, era temido en toda la comarca; este animal tan temeroso hacía temblar a los más valientes. Mas ¡ay!, asomó a lo mejor la punta de la oreja, y quedó el engaño al descubierto. Llegó entonces un gañán con el garrote, y los que no estaban advertidos del ardid, se hacían cruces al ver que un villano apaleaba a un león.

A mucha gente sienta bien esta fábula; el traje y el equipo es el secreto de su importancia.

El oso y los dos amigos

Dos amigos que tenían poco dinero le vendieron a un vecino pellejero la piel de un oso. El oso aún estaba vivo, pero lo matarían en seguida; al menos eso fue lo que dijeron.

¡Qué gran oso! Era el rey de los osos, según ellos. Su piel haría la riqueza del mercader; ni el frío más glacial la traspasaba; no una capa sino dos podrían ser forradas y guarnecidas con ella.

Ofrecieron entregarla en dos días, y convenido el precio, se pusieron al acecho.

Al poco rato ven venir al oso trotando; ni un rayo les hubiera causado más efecto. Ya no hay nada de lo dicho, se rescindirá el contrato. Uno trepa a la copa de un árbol y el otro, más frío que un carámbano, se echa de panza sobre el suelo, y reprimiendo el aliento, se hace el muerto, porque oyó decir que el oso no se ceba en cuerpos inertes.

El oso dio con aquel bulto y lo creyó privado de vida, pero por mayor seguridad, se acerca, lo hociquea, lo vuelve y lo revuelve, oliendo aquellos puntos por donde escapa el aliento.

—Vámonos —dice—, esto ya hiede a muerto.

Se va el oso y el otro cazador baja del árbol, corre hacia el amigo y lo felicita de que todo haya quedado en un buen susto.

—Pero, ¿qué te ha dicho al oído, cuando te zarandeaba entre sus manazas?

—Me ha dicho que para vender la piel del oso, hay que matar al oso primero.

El oso y los dos amigos

El pastor y el león

Las fábulas son importantes en realidad; el animal más insignificante nos sirve de maestro. La lección moral, severa y cruda, nos aburre; en cambio, la fábula con sus ficciones nos parece divertida. Esas ficciones deben tener un doble objeto: agradar e instruir. Contar cuentos sólo por contarlos parece cosa vana. Por eso, dando rienda suelta a su fantasía, han cultivado este género autores famosos. Todos han evitado la profusión de adornos y las palabras de sobra. Fedro era tan sucinto, que hay quien lo critica por ello; Esopo era aún más concreto. Pero, sobre todos, Babrias, fabulista griego, era extremado en esto del laconismo, sus narraciones se encierran siempre en cuatro versos; si lo hizo bien o mal, que lo digan los maestros. Veamos cómo trata un argumento, que trató también Esopo; uno pone en escena un pastor, el otro un cazador. He seguido su idea, aunque agregando algunos pormenores. Comencemos con la narración de Esopo.

Un pastor advirtió que faltaban ovejas en su cuenta, y quiso descubrir al ladrón. Tendió lazos cerca de una cueva; eran de los que se usan para cazar lobos, porque sospechaba de ellos. Antes de irse de aquel sitio exclamó:

—¡Oh, Júpiter, si haces que en mi presencia caiga el ladrón en estos lazos, de mis veinte becerros te consagraré el más robusto y hermoso.

Apenas habló así, salió de la cueva un león corpulento y terrible. El pastor se escondió medio muerto, y así decía el desdichado:

—¡Qué poco sabe el hombre de lo que pide! Para encontrar al ladrón de mi rebaño y verlo atrapado en esos lazos, te ofrecí un becerrillo, oh, soberano del Olimpo; ahora te ofrezco el mejor de mis bueyes si me lo quitas de enfrente!

Así cuenta el caso el fabulista maestro; pasemos al otro autor.

El león y el cazador

Un charlatán, aficionado a cazar, perdió un perro de raza excelente, y sospechó que estaría en la panza de un león; encontró a un pastor y le dijo:

—Llévame a la morada del infame asesino y verás cómo me la paga.

—Vive hacia aquella montaña, todos los meses le pago un cordero como tributo y de este modo voy y vengo por el campo sin preocuparme.

En eso, el león sale del bosque y va hacia ellos velozmente. El charlatán corre, gritando:

—Júpiter, por piedad, dame dónde esconderme.

El valor sólo se prueba ante el peligro; muchos habladores que lo provocan, huyen vergonzosamente al verlo enfrente.

El viejo y el asno

Iba un viejo montado en su asno, cuando vio una pradera verde y floreciente; lo soltó en ella y el animal se revolvió sobre la hierba fresca, frotándose y refocilándose, pateando y rebuznando a sus anchas. En esto, viene el enemigo.

—Huyamos —dice el viejo.

—¿Por qué? —preguntó el asno—; ¿me pondrán doble carga?

—No —contestó el viejo, alejándose.

—Pues me da lo mismo ser de unos que de otros. Escapa, y déjame pacer. Nosotros sólo tenemos un enemigo, y es el amo.

Júpiter y Boreas

Júpiter y Boreas (dios del viento) vieron a un viajero que se había protegido bien contra el mal tiempo. Era a la entrada del otoño, cuando son más necesarias las precauciones, porque tan pronto llueve como hace sol, y la brillante cinta del arco iris avisa a los precavidos que en esa estación no está de más la capa. Así que nuestro hombre esperaba lluvias, y se proveyó de una capa fuerte y gruesa.

—Éste ha creído que lo ha previsto todo —dijo Boreas—, pero no ha pensado que si comienzo a soplar, se irá al diablo su soberbia capa. Será algo divertido ver sus apuros. ¿Quieren que probemos?

—Apostemos, sin gastar tanta saliva —contestó Júpiter—, quién de los dos arrancará más pronto ese abrigo de los hombros del satisfecho jinete. Comienza tú, te permito oscurecer mis rayos.

No tuvo que insistir más, porque Boreas se hinchó de inmediato como un globo, y haciendo un ruido de mil demonios, silbó, bramó, sopló y produjo tal huracán que por todas partes derribó casas y echó barcas a pique, ¡nada más por una capa!

El jinete puso todo su esfuerzo para evitar que el viento se la arrebatara. Y esto lo salvó. Boreas perdía el tiempo; cuanto más se esforzaba, mejor se defendía el combatido caballero, que estaba bien enrollado con la capa. Cuando el soplador terminó su intento, Júpiter disipó las nubes, acarició e hizo entrar en calor al caminante, que al poco rato, sudando y trasudando, se quitaba ya la gruesa capa.

Más vale maña que fuerza; lo que no pudieron violencias y furias, lo consiguieron suavidad y dulzura.

Júpiter y el campesino

Júpiter tenía una hacienda y quería darla a medias. Mercurio la anunció y se presentaron varios campesinos; se hicieron proposiciones, las recibieron, discutieron y disputaron, dando mil vueltas al asunto. Unos alegaban que la finca era difícil de cultivar, otros ponían diferentes peros, y estando en esos tratos, uno de ellos, cuya audacia era mayor que su prudencia, ofreció dar tanto, si Júpiter le permitía disponer del tiempo; es decir, que hiciera frío o calor, que lloviera o saliera el sol a medida de su necesidad. Júpiter acepta y se cierra el trato, y nuestro hombre dispone a su gusto de los elementos; nubla o serena el cielo a su capricho, suelta las lluvias y los vientos a su antojo, y arregla el clima y las estaciones como quiere, sin que lo adviertan sus vecinos más cercanos. Y eso les valió, porque tuvieron buena cosecha y llenaron hasta el tope la troje y la bodega. En cambio el campesino de Júpiter salió con las manos en la cabeza. Al año siguiente, dispuso y arregló en otra forma los cambios atmosféricos; pero no rindieron más sus campos, ni menos los de sus vecinos. No tuvo más remedio que acudir al rey de los dioses y confesar su imprevisión. Júpiter, siempre bondadoso, se apiadó de él.

Y la verdad es que nadie le dice a la naturaleza cómo debe comportarse.

La mula orgullosa de su genealogía

La mula de un obispo se preciaba de noble, y siempre estaba hablando de su madre la yegua, de quien contaba mil proezas; había hecho esto, había hecho lo otro y lo de más allá. Como hija suya, también se creía digna de pasar a la historia. Se hubiera considerado degradada sirviendo a algún médico. Pero la pobre mula se hizo vieja, y la enviaron a un molino. Allí, dando vueltas, le vino a la memoria su padre el asno.

De algo sirve la desgracia, aunque sólo sea para apagar los humos de los presumidos.

El zorro, el mono y los demás animales

Se juntaron los animales a la muerte de un león, que había sido su soberano, para elegir nuevo rey. Sacaron del estuche la corona real, que guardaba un dragón en oscuro subterráneo, y al probársela, a nadie le ajustó bien. Unos tenían la cabeza muy chica, otros muy grande, algunos con cuernos. El mono también hizo la prueba, riendo y bromeando, con acompañamiento de gestos y volteretas; la corona pasó por la cabeza como un aro, e hizo con ella tantas jugarretas y farsas, que la asamblea quedó divertidísima, y lo nombraron rey. Sólo el zorro no votó por él, sin declarar, empero, su oposición. Lejos de eso, felicitó al nuevo monarca, y le habló así:

—Señor, yo sé y nadie más lo sabe, dónde está oculto un gran tesoro; no se ignora que cualquier tesoro escondido corresponde por ley a su majestad.

El nuevo rey era devotísimo del becerro de oro; en persona corrió en busca del escondite, receloso de todos. Era una trampa, y cayó en ella. El zorro, tomando la voz de los demás, le dijo:

—¿Todavía pretenderás gobernarnos, tú, que no sabes gobernarte?

Fue quitado del cargo y convinieron en que muy pocos son dignos de la corona.

El ciervo mirándose en el agua

Al mirarse un ciervo en el cristal de una fuente, se complacía de su gallarda cornamenta, y veía a la vez, disgustadísimo, la delgadez de sus piernas, que iban a perderse dentro del agua.

—¡Qué desproporcionados son mi cabeza y mis pies! —decía, contemplando dolorido su propia imagen—. Mi cabeza supera a los matorrales más altos, pero las piernas no me honran.

Pensaba en esto cuando un perro lo hace correr; busca refugio dirigiéndose a la selva; sus cuernos, incómodo adorno, lo detienen a cada paso y dificultan los buenos servicios de sus ágiles piernas, a las que confía su salvación. Se desdice entonces y reniega del obsequio anual con que lo favorece el cielo.

Anteponemos lo bello a lo útil, y lo bello nos daña muchas veces. Aquel ciervo vanidoso criticaba sus piernas, que tan provechosas le eran, para alabar los cuernos, que le servían de estorbo.

El ciervo mirándose en el agua

El gallo, el gato y el ratoncillo

Un ratoncillo inexperto, que sólo había visto el mundo por un agujero, se halló muy comprometido. Ahora verán lo que le pasó, tal como él lo contó a su madre, la señora rata.

—Había pasado los montes que limitan este reino, y trotaba alegre y satisfecho, cuando vi aparecer dos animales; uno de aspecto benigno y apacible, el otro de aire fiero y agresivo. Éste tenía la voz áspera y vibrante, en la cabeza una excrecencia carnosa, una especie de brazos que abría y agitaba en el aire, como para volar, y la cabeza empenachada.

Así describía nuestro ratoncillo a un gallo, como si fuera un animal extraño, venido de las Indias.

—Se golpeaba los costados con los brazos, armando tal ruido, que con todas mis fuerzas, que no son pocas, salí huyendo, todo asustado, renegando de su casta. De no ser por él, hubiera entrado en tratos amistosos con el otro animal, que me pareció tan simpático; es de pelo suave y aterciopelado como el nuestro, de larga y flexible cola, de aire decoroso y modesto mirar, aunque son brillantes sus pupilas. Creo que ha de ser amigo de las ratas, porque sus orejas son muy parecidas a las nuestras. Me dirigía hacia él cuando el otro, soltando el chorro de su grito penetrante, me hizo emprender la fuga.

—Hijo mío —dijo la madre—, ese sujeto tan benigno y manso, es el gato infame, que con su apariencia hipócrita, oculta el odio mortal a toda tu parentela. El otro, por lo contrario, lejos de hacernos mal, tal vez servirá algún día para nuestros banquetes. Ya lo ves; el hábito no hace al monje.

La liebre y la tortuga

No llega más pronto quien corre más, lo que importa es partir a buena hora. Son ejemplo de esta verdad la liebre y la tortuga.

—Apostemos —dijo la tortuga— a que no llegarás tan pronto como yo hasta aquellos linderos.

—¿Que no llegaré tan pronto como tú? ¿Estás loca? —contestó la liebre—. Tendrás que purgarte antes de emprender la carrera.

—Loca o no loca, mantengo la apuesta —replicó la tortuga.

Entonces apostaron y pusieron junto a los linderos lo apostado; saber lo que era, no importa a nuestro caso, ni tampoco quién fue juez de la contienda.

Nuestra liebre no tenía que dar más que cuatro saltos; digo cuatro, refiriéndome a los saltos desesperados que da cuando la siguen los perros ya de cerca, y ella los aventaja, y les hace devorar el yermo y la pradera. Teniendo, pues, tiempo de sobra para pacer, para dormir y para olfatear el viento, deja a la tortuga andar a paso lento.

Parte el pesado reptil, se esfuerza cuanto puede y se apresura; la liebre desdeña una victoria fácil, tiene en poco a su contrincante y juzga que importa a su decoro no emprender la carrera hasta última hora. Se regodea paciendo la fresca hierba, y se entretiene, atenta a cualquier cosa, menos a la apuesta. Cuando ve que la tortuga casi llega a la meta, parte como un rayo, pero sus bríos son ya inútiles; llega primero su rival.

—¿Qué te parece? —le dice la tortuga—, ¿tenía o no tenía razón? ¿De qué te sirve tu agilidad? ¡Vencida por mí! ¿Qué te pasaría, si llevaras, como yo, la casa a cuestas?

El asno y sus amos

El asno de un hortelano se quejaba a la fortuna, porque lo hacían levantarse antes del alba.

—Muy temprano cantan los gallos —decía—, pero yo soy más tempranero todavía. ¿Y para qué? Para llevar hortalizas al mercado. ¡Vaya un asunto interesante para interrumpirme el sueño!

La fortuna atendió sus clamores y le dio otro amo; pasó a manos de un peletero. Las pieles eran pesadas, y ¡de tan mal olor! El asno impertinente echó de menos muy pronto a su primer dueño.

—Cuando él no miraba —decía para sí mismo—, atrapaba alguna hoja de col, sin costarme nada. Aquí no tengo recompensa, como no sea algún trancazo.

Consiguió cambiar de suerte otra vez, y cayó en poder de un carbonero, pero no por eso cesaron las quejas.

—¡Vaya al diablo! —exclamó al fin la fortuna—. Me ocupa más ese jumento que cien reyes. ¿Presume de ser el único descontento de su suerte? ¿No tengo que atender más que a él?

¡Cuánta razón tenía la fortuna! Todos somos así, nadie está conforme con su condición y estado, nuestra suerte actual nos parece siempre la peor. Fatigamos al cielo con nuestras demandas, y si Dios nos concede a cada quien lo que hemos pedido, todavía le pedimos más cosas.

El labriego y la serpiente

Cuenta Esopo que un labriego, tan caritativo como imprevisor, paseando un día de invierno por sus tierras, encontró una serpiente tendida en la nieve, helada e inmóvil, y con tan poca vida que no le podía durar ni un cuarto de hora. El labriego la levanta, la lleva a casa, y sin pensar en cuál será el pago de su buena acción, la tiende junto al hogar y la hace volver en sí. Apenas sintió el reptil el grato calorcillo, recobró con la vida la ponzoña. Alzó un poco la cabeza, lanzó un silbido, se replegó sobre sí y probó a dar un salto, arrojándose contra su bienhechor.

—¡Ingrata! —exclamó el labriego—. ¿Ése es el pago que me das? ¡Vas a morir!

Y diciendo así, poseído de justo coraje, tomó el hacha, y de dos hachazos hizo tres serpientes de una: cabeza, tronco y cola. El bicho, retorciéndose, trataba de juntarse; no lo pudo lograr.

Ser caritativo es muy meritorio, pero ¿con quién? Ahí está la dificultad. En cuanto a los desagradecidos, todos terminan mal.

El labriego y la serpiente

El charlatán

Nunca han faltado charlatanes. La charlatanería es la ciencia más fecunda en maestros.

Uno de ellos presumía de ser maestro tan experimentado en el arte de la elocuencia, que convertiría en orador a un majadero, a un ignorante, a un papanatas.

—Sí, señores —decía—, a un papanatas, a un torpe, a un burro; tráiganme al punto un jumento y lo verán convertido en otro Cicerón.

Lo supo el príncipe, y mandó llamar al pedante.

—Tengo en mis caballerizas —le dijo—, un hermoso burro de la Arcadia y quisiera hacerlo orador.

—Señor, todo se puede —dijo nuestro hombre.

Le dieron cierta cantidad de dinero y se comprometió a que en un plazo de diez años el burro estaría listo para asistir a las aulas, bajo pena, aceptada por el maestro, de ser colgado en medio de la plaza, llevando a la espalda su retórica y en la cabeza las orejas del burro.

Uno de los cortesanos le dijo que él iría a verlo en la horca, y que para ahorcado no tenía malas trazas, recomendándole que se acordara de dirigir a la concurrencia un buen discurso. Pero el charlatán lo dejó callado de inmediato.

—Antes de cumplirse el plazo —le dijo—, el rey, el burro o yo habremos muerto.

Tenía razón; es tontería contar con diez años de vida. Por sanos y buenos que estemos, de cada tres ha de morir uno de nosotros en ese plazo.

El león enfermo y los zorros

El rey de los animales estaba enfermo en su cueva, así que mandó avisar a todos sus vasallos para que cada especie enviara una embajada a visitarlo, con la aclaración de que serían bien tratados, tanto los mensajeros como los de su séquito, a fe de león. El edicto del príncipe recibió exacto cumplimiento, cada especie de animales le envió embajadores, pero los zorros no se movieron de casa, y uno de ellos explicó el motivo.

—Las huellas marcadas en el camino de los que van a rendir homenaje al enfermo, todas sin exceptuar alguna, están en dirección de su cueva. No hay ninguna que indique el regreso. Esto da mucho qué pensar. Dispénsenos su majestad, le damos muchas gracias por su salvoconducto, no le ponemos objeción, pero en la cueva real vemos muy bien la entrada, pero no vemos la salida.

El león enfermo y los zorros

El sol y las ranas

Se celebraban las bodas de un tirano, y el pueblo, con festivo jolgorio, ahogaba sus penas en los henchidos vasos. Esopo era el único a quien le parecían mal aquellos regocijos.

En tiempo de antaño pensó el sol en casarse, y comenzaron de inmediato los lamentos de las ranas.

—¿Qué será de nosotras, si tiene hijos? —exclamaban—. Sólo hay un sol, y apenas podemos sufrirlo; cuando haya media docena de soles, quedarán secos los mares y todos sus habitantes. ¡Adiós juncares y pantanos! Nuestra raza será sorprendida y pronto la verán reducida a las aguas de la Laguna Estigia.

Me parece que estas ranas no eran ranas para discurrir.

El pajarillo, el halcón y la alondra

Las injusticias de los malos sirven de excusa a las nuestras, ésta es una ley del mundo: Como trates a los demás te tratarán a ti.

Un labriego cazaba pajarillos con un espejuelo. El resplandor atrajo a una alondra; de pronto, un halcón, que se cernía sobre los campos, se precipita sobre la avecilla, que cantaba sin imaginarse cerca de la tumba. Se había librado la infeliz de pérfidas trampas, cuando se vio en las garras del halcón y sintió sus afiladas uñas. Mientras se ocupaba el halcón en desplumarla, quedó envuelto en las redes del labriego.

—Pajarero —dijo en su idioma—, suéltame, no te he hecho ningún mal.

—Y ese animalito, ¿qué mal te había hecho? —replicó el pajarero.

El perro que suelta la presa

Todos hacemos cuentas ilusorias, y son tantos los locos que corren tras de vanas sombras, que no se pueden contar. Hay que aplicarles el cuento de aquel perro que mencionaba Esopo.

Al pasar por un río, el perro vio reproducida en la corriente la presa que llevaba en el hocico, la suelta para echarse sobre aquella sombra, y por poco se ahoga, porque el río creció de pronto, y con muchos trabajos pudo salir a la orilla, quedándose sin la presa que tenía, y sin la que ambicionaba.

La discordia

Por una manzana armó tal ruido la discordia, enemistando a los dioses, que la corrieron del Olimpo. La recibieron con los brazos abiertos esos pobres diablos que se llaman hombres, y también a su padre *Tuyo-y-mío* y a su hermano *Que sí-Que no*. Ya en este mundo, nos hizo el honor de preferir nuestro hemisferio al de nuestros contrarios, gente inculta y grosera, que al casarse sin intervención de cura ni de juez, no tiene nada que ver con la discordia.

Para hacerla ir al punto donde se necesitaban sus servicios, la fama se cuidaba de avisarle, y ella, con la mayor diligencia, acudía de inmediato, embrollaba el debate e impedía la paz, convirtiendo cada chispa en un incendio. La fama llegó a quejarse de que no la encontraba nunca en lugar fijo y seguro, y muchas veces perdía el tiempo buscándola. Era preciso, entonces, que tomara casa, y que se supiera dónde estaba para encontrarla mejor. Como no había entonces conventos de monjas, le costó mucho poder encontrar dónde vivir, pero al fin di con el lugar; se estableció en el hogar del matrimonio.

El caballo y el asno

En este mundo hay que ayudarse unos a otros. Si muere tu vecino, caerá su carga sobre ti.

Iba un asno en compañía de un caballo descortés. El caballo sólo llevaba los arneses, y el pobre asno tal carga que no podía más. Le rogó al caballo que le ayudara, aunque fuera poco, si no, reventaría antes de llegar al pueblo.

—No pido mucho —le decía—, la mitad de mi carga es nada para ti.

El caballo se negó con el mayor desprecio, pero muy pronto vio morir a su compañero, y entendió lo mal que se había portado. Tuvo que llevar toda la carga del asno y además el pellejo del difunto.

La carreta atascada

Un labriego conducía una carreta cargada de heno, y de pronto la vio atascada, lejos de toda ayuda humana; esto pasaba en el campo, en cierto lugar de la Bretaña baja, que se llama Quimper-Corentin. Se sabe que la mala suerte lleva por aquellos rumbos a los carreteros a quienes quiere probar ¡Dios nos libre de tal viaje!

Regresando a nuestro hombre, con la carreta atascada sin remedio, mírenlo injuriando y blasfemando a más no poder. Tan pronto echaba por aquella boca sapos y culebras contra los baches del camino, como contra los caballos, contra el carro y contra el mismo carretero. Después de un rato, invocó al héroe a quien hicieron célebre sus trabajos.

—Hércules —le dice—, ayúdame. Tú que has llevado en hombros el globo terráqueo, bien puedes sacarme de este problema.

En cuanto termina la plegaria, oye en las nubes una voz que le dice:

—Hércules quiere que las personas se muevan, y después viene en su ayuda. Mira en qué consiste el atascamiento; limpia las ruedas de ese maldito fango de que están llenas hasta el eje; toma el pico y rompe aquella piedra que las detiene; llena ese surco en el que se ha hundido. ¿Lo has hecho ya?

—Sí —dice nuestro hombre.

—Pues ahora bajo para ayudarte; toma el látigo.

—Ya lo he tomado... ¿Qué es esto? La carreta avanza como si no tocara el suelo. ¡Alabado sea Hércules!

—Ya ves qué fácilmente te sacaron los caballos del terrible apuro —agregó la voz.

Nadie olvide el adagio: A Dios rogando y con el mazo dando.

La carreta atascada

La viudita

La pérdida de un esposo siempre va acompañada de suspiros. Alborota mucho la viuda, después se consuela; huye la tristeza en alas del tiempo, y en sus alas regresan también los placeres. ¡Qué diferencia entre la viuda de un año y la de un día! No parece la misma. Una espanta a las personas, la otra las atrae. Todavía siguen los suspiros, verdaderos o fingidos; y dicen que está inconsolable, lo dicen, pero no es así; lo verán en esta fábula, y en la realidad también.

Partió para el otro mundo el marido de una hermosa joven, que abrazándolo, clamaba.

—Espérame, ya te sigo; mi alma volará con la tuya.

Pero el marido hizo solo el viaje. La viudita tenía un padre experimentado y cauto, que dejó correr el raudal de sus lágrimas, y después, para consolarla le dijo:

—Basta de llantos, hija mía. ¿Qué necesidad tiene el difunto de que anegues tus hechizos? Puesto que hay tantos vivos, no hay que pensar en los muertos. No digo que de pronto cambies esas tristezas en alegrías de bodas; pero, pasado algún tiempo, permite que te proponga un esposo joven, gallardo y bien distinto del difunto.

—¡Ay! —contestó—, en el claustro es donde lo encontraré.

El padre la dejó asimilar su infortunio. Así pasó un mes; el otro mes lo emplearon en arreglar la ropa, porque el luto también consiente cierta coquetería, mientras se aguardan otros adornos.

El enjambre entero de los amores regresó después revolando al palomar; juegos, risas, bailes, llegaron a la vez; y la viuda se bañaba mañana y tarde en la fuente de Juvencio. Ya no temía el padre a aquel muerto, que fue tan querido, pero como no le decía palabra a su hija, ésta exclamó por fin.

—¿Dónde está aquel marido que me prometiste?

La viudita

Los animales enfermos de la peste

Una enfermedad aterradora, enviada por el cielo irritado para castigar los crímenes de la tierra, la peste, para darle su nombre propio, capaz de poblar en un día el Aqueronte, diezmaba a los animales. No todos morían, pero todos eran atacados. Nadie pensaba en buscarse la vida, tan de cerca amenazada; nada les despertaba el apetito; ni el lobo ni la zorra acechaban a la víctima inocente, ni buscaba la tórtola a su dulce compañera; se acabó el amor, y con él cualquier alegría.

El león convocó a asamblea y habló así:

—Amigos míos, creo que por nuestros pecados Dios nos manda tan gran calamidad. Sacrifíquese a la cólera celeste el más culpable, y quizá se salven los demás. La historia nos refiere sacrificios análogos en casos parecidos. No escondamos nada entonces; cada quien examine su conciencia, sin consideración. En cuanto a mí, confieso que, dando rienda suelta a mi voracidad, he matado muchos carneros. ¿Qué mal me habían hecho? Ninguno. Y hasta me ocurrió alguna vez comerme también al pastor. Me sacrificaré, si es necesario, pero creo, dado el caso, que todos deben hacer confesión, igual que yo, porque importa mucho que, de acuerdo a la justicia, sea el más culpable el que perezca.

—Señor —prosiguió el zorro—, eres un rey demasiado bueno. Tus escrúpulos son excesivos. ¿Entonces qué? Comer carneros, animales de poco más o menos, raza abyecta y estúpida, ¿puede ser pecado? ¿Qué ha de ser? Los honraste, señor, al hincarles el colmillo. En cuanto al pastor, bien puede decirse que merecía aquel fin, porque era uno de esos pretenciosos que alardean de un imperio quimérico sobre los animales.

Así habló el zorro, y no faltaron aduladores para el aplauso. Nadie se atrevió a profundizar en los excesos más graves del tigre, el oso y otros representantes de esa calaña; todos los animales pendencieros, hasta el simple mastín, eran unos santos. Le llegó el turno de hablar al asno:

—Si mal no recuerdo, una mañana, al pasar por la pradera de un convento, el apetito, la ocasión, la hierba fresca, y algún diablo que me tentaba, me hacieron alargar el cuello y probar el forraje. Fue poco lo que comí, pero la verdad es que yo no tenía derecho alguno...

No le permitieron terminar, todos se echaron sobre el pobre animal. Un lobo, algo letrado, probó en razonada arenga que era indispensable sacrificar a aquella bestia maldita, culpable de todo. Su pecadillo se juzgó crimen digno de la horca. ¡Probar la hierba ajena! ¡Qué atrocidad! Sólo con la muerte podía expiar el atentado. Y no tuvo más remedio que sufrirla.

Aunque seas fuerte o débil, el fallo del tribunal te hará blanco o negro.

Los animales enfermos de la peste

El gato y el ratón

Cuatro animales distintos, el gato roba-quesos, el tétrico búho, el roedor ratón y la señorita comadreja, de esbelto talle, todos ellos malignos y perversos, frecuentaban el tronco medio podrido de un pino viejo y selvático. Tanto lo frecuentaban, que cierto día tendió allí sus redes un cazador.

El gato, muy de madrugada, salió del escondite para ganarse la vida. Las últimas sombras de la noche no lo dejaron ver la red, y cayó en ella. Creyéndose morir, maullaba lastimero, y al oírlo acudió el ratón. ¡Qué desesperación la del uno! ¡Qué alegría la del otro! ¡Como que veía atrapado a su mortal enemigo! El infeliz gato exclamó al fin:

—Amigo carísimo, bien veo cuánto me aprecias, y bien sabes tú cómo te correspondo. Ayúdame a escapar de esta red, en la que me hizo caer la ignorancia. Tenía razón al apreciarte y quererte como a las niñas de mis ojos. No me arrepiento de ello, antes bien, doy gracias a los dioses. Iba a rezar mis oraciones de la mañana, como corresponde a un gato devoto. Esta pícara red me sujeta, en tus manos está mi vida; suelta, por favor, estas ligaduras.

—¿Y qué recompensa obtendré? —preguntó el ratón.

—Juro eterna alianza contigo —contestó el gato—. Dispón de mis uñas, te defenderé contra todos. Mataré a la comadreja y al búho, ambos están conjurados contra ti.

—¡Idiota! —exclamó el roedor—. ¿Mi libertador tú? No soy tan necio.

Y diciendo esto, se fue a su madriguera. La comadreja estaba junto al agujero. Trepó más arriba y topó con el búho; ¡peligros por todas partes!

Regresa el ratón a donde estaba cautivo el gato, y royendo royendo, suelta una malla, luego otra, y por fin da libertad al hipócrita. Se presenta en esto el cazador, y los nuevos aliados emprenden el trote largo, anda que andarás. Estaban ya muy lejos, cuando el gato observó que el ratón se mantenía a cierta distancia, receloso y prevenido.

—Hermano —le dijo—, ven a mis brazos, tus recelos me ofenden; miras como enemigo a quien es tu aliado. ¿Puedo olvidar que, después de Dios, te debo a ti la vida?

—Y yo ¿puedo olvidar también tu índole perversa? No hay pacto ni tratado que obligue a un gato a ser agradecido. Tonto será quien confíe en una alianza hecha por la dura ley de la necesidad.

El mal casado

Si la bondad fuera inseparable de la belleza, mañana mismo buscaba mujer, pero como no es nueva la separación entre esas cualidades, y pocas veces se encuentra alojada un alma buena en un cuerpo bonito, no extrañen que no la busque. He visto muchos casamientos, pero ninguno me ha tentado. Los hombres, sin embargo, se arriesgan casi todos a esa aventura, que es la mayor de cuantas aventuras se conocen. Pero también es muy cierto que casi todos se arrepienten.

Recordaré el ejemplo de un marido que se arrepintió y no tuvo más remedio que despedir a su mujer peleonera, avara y celosa. Nada la contentaba, nada le parecía bien; se levantaban demasiado tarde, se acostaban demasiado temprano; ahora, blanco; después, negro; luego, ni negro ni blanco. Los sirvientes se desesperaban; el marido no podía aguantar más. "Este buen hombre no piensa en nada; este buen hombre lo malgasta todo; este buen hombre no se mueve; este buen hombre no se está quieto"; y tanto y tanto dijo, que el buen hombre, por fin, cansado de oír a aquella fiera, la envió al campo, a casa de sus padres. Vivió allí algún tiempo en compañía de las lugareñas, que cuidan manadas de pavos o de cochinos.

Después de una temporada, creyendo amansados ya sus bríos, la llamó el marido.

—¿Qué has hecho? —le dijo—; ¿cómo has pasado la vida? ¿Te agrada la inocencia de los campos?

—Un poco —le contestó—, pero me daba pena ver que aquellas personas son más holgazanas que éstas. No tienen ningún cuidado de los rebaños. Bien les predicaba, pero no lograba más que enemistarme con todos.

—Pues bien —repuso el marido—, si tan mal genio tienes que los que sólo están un momento a tu lado, y no vuelven hasta la noche, ya están hartos de ti, ¿qué les pasará a los criados, contra quienes peleas todo el día? Y ¿qué ha de hacer un marido que no quieres que se separe de ti ni de día ni de noche? ¡Adiós!, regresa a la aldea. Si alguna vez caigo de nuevo en la tentación de llamarte, pagaré el pecado teniendo dos mujeres en la otra vida.

La garza real

Un día iba no sé a dónde la garza real con sus patas largas, su cuello largo y su pico largo. Costeaba cierto río donde el agua estaba clara y trasparente, como en los mejores días. La carpa jugueteaba con otro pez que era su compadre. La garza podía atraparlos fácilmente, pues se acercaban a la orilla, al alcance de su pico, pero le pareció mejor esperar a que tuviera apetito; era un animal muy ordenado y no comía más que a sus horas. Al cabo de algún rato, le vino el apetito, y acercándose al agua, vio varios tencas que salían de su oculto albergue. No le agradó aquel manjar, esperaba algo mejor, y mostrándose tan desdeñoso como el ratón del buen Horacio, exclamó:

—¡Tencas a mí! ¿Cómo ha de contentarse con platillo tan vulgar una garza real? ¿Por quién me tomarían?

Rechazado el tenca, encontró un mísero gobio.

—Tampoco éste es comida para una garza real. ¿Abrir yo el pico por tan poca cosa? ¡No lo quiera Dios!

Y tuvo que abrir el pico por algo menos, pues no quiso la suerte que viera a ningún otro pez, malo ni bueno. El hambre apretaba y consideró gran fortuna encontrar una babosa.

No seamos exigentes. Los más acomodaticios son los que más lo entienden.

Quien mucho quiere alcanzar, suele perderlo todo. No desdeñen nada, sobre todo, cuando la cuenta no les salga muy bien. No es a las garzas a quienes me dirijo; ahora les contaré otra cosa, lectores míos, y verán que en nuestra raza humana he aprendido esta lección.

Los deseos

En el Mogol existen unos duendes que sirven de criados. Limpian y arreglan la casa, cuidan de los muebles y en ocasiones cultivan el jardín. Si los estorbas en su tarea, lo echas todo a perder.

Uno de estos duendes cultivaba el jardín de un propietario vecino del Ganges. Trabajaba sin hacer ruido, con mucha maña, y profesaba vivo afecto al señor y a la señora, y sobre todo al jardín. Los céfiros, amigos suyos, le ayudaban en su empresa. Él, por su parte, no se daba punto de reposo, y colmaba de venturas a sus patrones. Tanto los quería, que nunca los hubiera dejado, a pesar de la volubilidad propia de la especie; pero sus colegas, los otros espíritus, influyeron tanto en el presidente de aquella república, que por capricho o por razón de Estado, lo cambió de domicilio. Le dieron orden de ir allá, al fondo de Noruega, a encargarse de una casa cubierta de nieve todo el año; y de indiano que era, se convirtió en lapón.

Antes de partir, el duende dijo a sus patrones:

—Me obligan a marchar, no sé por qué culpas, pero el caso es que he de dejarlos; no puedo permanecer aquí más que muy poco tiempo, un mes a lo mucho, quizá una semana. Aprovéchenla, vean qué tres cosas desean, porque puedo cumplir tres deseos suyos, tres nada más. Desear no es trabajo nuevo ni extraño para el hombre.

Los dos esposos pidieron, en primer lugar, abundancia, y la abundancia derramó a manos llenas en sus arcas los doblones, el trigo en sus graneros y el vino en sus bodegas. Todo reventaba de puro repleto. ¿Cómo entenderse con tantas cosas? ¡Cuántas apuntaciones, cuántos registros, cuántos afanes y cuántos quebraderos de cabeza! Marido y mujer estaban tan ocupados, que no podían aclararse. Los ladrones les tendieron mil asechanzas, los grandes señores les pidieron prestado, el rey los sobrecargó de impuestos. El exceso de su fortuna hacía desgraciadas a aquellas pobres personas.

—Líbranos de ese cúmulo inoportuno de bienes —exclamaban ambos—; ¡dichosos los indigentes! Es preferible la pobreza a estos tesoros. ¡Basta de riquezas! Y tú, dulce medianía, compañera del reposo, madre del buen humor, regresa cuanto antes.

Al oír estas palabras, la medianía regresó; le hicieron sitio, se congraciaron con ella, y fueron más felices que aquellos que pierden el tiempo que necesitan para sus asuntos en vanos deseos y quimeras. El duendecillo se regocijó con ellos, y para aprovechar su generosidad, cuando estuvo a punto de irse, le pidieron una tercera gracia: la sensatez, tesoro que nunca estorba.

La doncella

Una doncella, que pecaba de orgullosa, quería un marido joven, guapo, de buena figura, de finos modales, muy enamorado y nada celoso. Tomen nota de estas dos últimas características. También quería nuestra doncellita que fuera el futuro rico, de buena familia, que tuviera talento, que no le faltara nada; pero, ¿quién puede reunirlo todo? La suerte quiso favorecerla y se presentaron muy buenos partidos. Pero a la niña le parecieron todos malos, y decía:

—¿Cómo se puede creer? ¿A mí fulanito? ¿A mí menganito? ¡Están locos! ¡Vaya un acomodo! ¡Me dan lástima!

Uno carecía de ingenio, el otro tenía la nariz de esta o de otra forma. Este era un tal, aquel era un cual; porque estas damiselas presumidas todo lo han de desdeñar. Después de los buenos partidos, vinieron los medianos, y siguieron las burlas.

—¡Sería una tonta si les abro la puerta! Sin duda piensan que estoy rabiando por casarme. Gracias a Dios, paso la noche sin penas, aunque solita.

La orgullosa tuvo que arrepentirse de aquellos desdenes. La edad le hizo desmerecer y, ¡adiós los pretendientes! Pasó un año, pasaron dos; luego llegó el mal humor. Veía volar cada día las risas, los juegos, los amores. Vinieron la fealdad y los achaques. Por más que hizo, no pudo escapar a los estragos del tiempo, terrible bandido. Las ruinas de una casa pueden repararse, pero un rostro averiado no admite remiendos. La doncella presumida cambió entonces de lenguaje. El espejo le decía: "cásate cuanto antes". No sé qué secreto deseo se lo decía también, porque en las más orgullosas caben estas flaquezas; y tal elección hizo al fin, que nadie lo hubiera pensado, porque se creyó dichosísima atrapando un marido patizambo y jorobado.

La doncella

El cura y la muerte

Llevaban a un muerto —¡triste viaje!— hacia la última morada. Un cura, muy contento, iba a enterrarlo de prisa y corriendo. El difunto era llevado en coche, muy bien empaquetado, envuelto en su sudario, mísera ropa que lo mismo sirve para verano que para invierno. El cura caminaba a su lado, recitando, como de costumbre, devotas oraciones, salmos y versículos. Esto no te dé cuidado, señor difunto; tendrás cuantos quieras; todo es cuestión de pagar bien. El codicioso clérigo ponía los ojos en el cadáver, como si temiera que le robaran aquel tesoro, y parecía decirle: "Señor muerto, me valdrás tanto en dinero, en cera y en otras cosillas". Y hacía cálculos para la compra de una viña de las mejores de aquel contorno, de unas buenas faldas para una sobrina que tenía, bastante bonita, y para su ama de llaves. Estaba recreándose con estos pensarnientos, cuando vuelca el coche. El muerto y el ataúd caen sobre él, le rompen la cabeza; y hay que enterrar juntos los dos cadáveres.

En verdad, a casi todos nos pasa lo que a aquel pobre cura, que se hacía cuentas tan ilusorias.

Los buitres y los pichones

Antaño Marte puso en conmoción a unos habitantes del aire. Surgió una disputa entre ellos, no entre los que la primavera trae a los jardines, y bajo la enramada, con sus trinos y caricias, despiertan en nuestra alma los amores; ni entre aquellos otros que arrastran el carro volador de la diosa Venus. Los buitres, de retorcido pico y afiladas garras, eran los que, por un perro muerto, se hacían la guerra, y de tal modo, que llovió sangre; no exagero. Si quisiera contar, punto por punto, todo lo que pasó, me faltaría el aliento. Muchos jefes perecieron, muchos héroes expiraron, y creyó Prometeo, encadenado a su roca, que iba a terminar su tormento. Daba gusto ver los bríos de los combatientes, y lástima ver caer los muertos. Valor, pericia, trampas y sorpresas, todo se usó. Ambos ejércitos, animados de ardiente cólera, utilizaron cuantos medios hay para enviar gente al averno, y a cada hora llegaban nuevos huéspedes al vasto reino de las tinieblas.

Estos horrores impresionaron a otra raza, de tornasolado cuello y corazón sensible y fiel, que compadecida, propuso su mediación para terminar la pelea. Los pichones eligieron mensajeros, y éstos tuvieron tal acierto que se calmaron los buitres. Primero hicieron treguas, luego paces, pero ¡ay!, fue a costa de aquellos mismos a quienes tenían que agradecer el beneficio. Dieron caza en seguida a los pichones, hicieron en ellos espantosa carnicería, despoblaron sus villas y aldeas; ¡qué mala idea tuvieron estos pobres al pacificar a un pueblo tan feroz!

Tengan divididos siempre a los malos. Va en ello la seguridad de la gente de bien. Provoquen entre ellos la guerra y tendrán ustedes paz. Y no digo más; a buenos entendedores, pocas palabras.

Los buitres y los pichones

Los dos gallos

Dos gallos vivían en paz, pero llegó una gallina y estalló la guerra. ¡Amor, por ti se perdió Troya y se encendió aquella guerra tremenda que tiñó las aguas con sangre de los mismos dioses! Largo tiempo duró la pelea entre nuestros dos gallos, y corrió la fama por la vecindad. Todos los animales de cresta acudieron al espectáculo, y más de una Helena de brillantes plumas fue premio del vencedor. El vencido desapareció. Se ocultó en el fondo del gallinero, llorando su gloria perdida y sus amores, que un dichoso rival gozaba en sus barbas. Lo veía todos los días y crecía su odio y su coraje; aguzaba el pico, sacudía las alas golpeando el aire y sus propios costados, y ejercitándose contra el viento, acumulaba su celosa rabia. No tuvo que acudir a ella. El vencedor voló al tejado y allí cantó victoria. Lo escuchó un buitre, y ¡adiós sus amores y glorias! Sucumbió todo su orgullo en las garras del rapaz. Entonces —¡oh cambio inesperado!— el rival fue el galán dichoso de la disputada gallina, y tuvo cuantas quiso.

La fortuna se complace en estos altibajos. El vencedor ensoberbecido corre a su ruina. Desconfiemos de la suerte, y después de la victoria, cuidémonos bien.

La lechera

Juanita, con su cantaro de leche bien puesto en la cabeza sobre el cojín, pensaba llegar sin problemas a la ciudad. Caminaba a paso largo, ligera y corta de falda, pues sólo se había puesto, para estar más ágil, el refajillo y las sandalias. Así equipada, revolvía en su imaginación lo que sacaría de la leche y la manera de emplearlo. Compraría un centenar de huevos, haría tres polladas; con su asiduo cuidado todo iría bien.

—Es fácil criar los polluelos alrededor de la casa —decía—; por muy lista que ande la zorra, me dejará bastantes para comprar un cerdo. Engordarlo será cosa de un poco de salvado. Cuando lo compre ya estará grande; al revenderlo, valdrá buen dinero. Y ¿quién me impedirá, valiendo tanto, meter en el establo una vaca con su becerro, y verlo brincar entre el rebaño?

Al decir esto, Juanita brinca también, muy feliz. Cae el cántaro y se derrama la leche. ¡Adiós vaca y becerro! ¡Adiós cerdo! ¡Adiós pollos! La dueña de tantos bienes, mirando con ojos tristes su fortuna tirada, regresó a excusarse con su marido, y se vio en peligro de una buena tunda.

¿Quién no se hace ilusiones? ¿Quién no construye castillos en el aire? Todos, desde el más soberbio hasta la lechera; lo mismo sabios que locos. Soñamos despiertos, y no hay nada más agradable; dulces fantasías nos llenan el alma; todos los bienes del mundo son nuestros; riquezas, honores, mujeres. Cuando estoy solo soy tan valiente que desafío al más bravo, y puedo destronar al rey de Persia. Me eligen rey; mi pueblo me adora; llueven coronas sobre mis sienes. Pero quizá un accidente me vuelve a la realidad, y soy un pobre Juan igual que antes.

La lechera

La diligencia y la mosca

En un camino de áspera pendiente, arenoso, maltratado y expuesto por todas partes a los rigores del sol, seis fuertes caballos jalaban una diligencia. Mujeres, frailes, viejos, todos se habían apeado. Las bestias sudaban y trasudaban; ya estaban rendidas. Llega en esto una mosca, se acerca a los caballos y trata de animarlos con su zumbido. Pica a uno, pica al otro, y presume que es ella quien hace andar el carruaje. Tan pronto se posa en el timón, como en la nariz del mayoral. En cuanto la diligencia avanza y los pasajeros comienzan a subir la cuesta, la mosca se atribuye toda la gloria de la jornada; va, viene y vuelve, haciéndose la interesante; parece un capitán en día de combate, yendo de acá para allá y llevando su gente a la victoria. Pero se lamenta de que tiene que atender a todo, y que nadie ayuda al tiro a salir del mal paso. El fraile repasaba su breviario; ¡aprovechaba bien el tiempo! Una mujer cantaba: ¡buena hora para canciones! La mosca zumba que zumba a los oídos. Tras muchos trabajos, la diligencia vence la cuesta:

—Respiremos —exclama la mosca—. ¡Tanto hice, que al fin ya estamos todos a salvo! ¡Bien me lo pueden recompensar, señores!

Muchos se portan así, haciéndose los afanosos, se entrometen en todos los asuntos. Por inoportunos, debieran ser expulsados de todas partes.

El hombre que corre tras la fortuna
y el que la espera en su cama

¿Quién no corre tras la fortuna? Quisiera estar en un lugar donde pudiera ver a la muchedumbre de los que buscan en vano, de la ceca a la meca, a esa hija de la suerte; cortesanos afanosos de un fantasma volador. Cuando creen que ya está a su alcance, la veleidosa escapa a sus pesquisas. ¡Pobre gente!, la compadezco, porque los locos son más dignos de lástima que de enojo. "Dicen que tal sujeto plantaba coles, y llegó a Papa. ¿No valdremos tanto como él?" Quizá valdrán cien veces más, pero ¿de qué sirven sus méritos? ¿No es ciega la fortuna? Y por otra parte, el ser Papa, ¿vale lo que cuesta? ¿La pérdida del reposo? El reposo, tesoro de tal precio que en otro tiempo era la felicidad de los dioses, no lo otorga casi nunca la fortuna a sus elegidos. No vayan tras de esa diosa, y ella misma los buscará; así hacen siempre las mujeres.

Dos amigos vivían en una aldea, en la que tenían algunas cosas. Uno de ellos suspiraba a menudo por la fortuna, y le dijo al otro:

—¿Por qué no dejamos esta tierra? Bien sabes que ninguno es profeta en su patria. Probemos nuestra suerte en otra parte.

—Pruébala tú —le contestó el amigo—, yo no deseo mejor país ni mejor vida. Sigue tus impulsos; pronto volverás. Te prometo que he de estar durmiendo hasta que regreses.

El ambicioso, o quizá avaro, emprendió el camino, y al día siguiente llegó a un punto que debe frecuentar más que ningún otro la diosa fortuna, porque aquel lugar era la corte. Se quedó en ella por algún tiempo; allí estaba de día y de noche, a todas horas, y en todo se metía, pero nada le salía bien. "¿En qué consistirá esto?", pensaba. "Tendré que buscar mi suerte en otra parte, y sin embargo, la fortuna vive en este lugar. Todos los días la veo entrar en casa de unos y otros. ¿Cómo es que a la mía no viene? Bien me dijeron que no gusta del carácter ambicioso de estas personas. ¡Adiós, pues, cortesanos; vayan en buen hora tras de una sombra que los engaña! Donde tiene la fortuna los mejores templos es en la India, vamos allá". Y así lo hizo, fue a embarcarse.

Alma de bronce, y aún más dura que el diamante, hubo de tener el primer hombre que probó el camino de las aguas, desafiando la furia del mar. Nuestro campesino, durante su viaje, volvió los ojos más de una vez hacia su aldea, afrontando los peligros de los piratas, de los huracanes y de los escollos ignorados, ministros todos de la muerte. ¡Con cuántos trabajos vamos a buscarla en playas lejanas, cuando podemos encontrarla tan pronto sin salir de casa! Llegó el viajero a la India y allí le dijeron que donde prodigaba la fortuna sus favores entonces era en el Japón. Volvió a emprender el camino. Se habían cansado los mares de conducirlo, y todo el fruto que sacó de sus largas correrías fue esta lección, que dan los salvajes a los civilizados: "Quédate tranquilo en tu casa, aleccionado por la experiencia". En el Japón no tuvo nuestro hombre más suerte que en la India, y al fin se convenció de que había hecho una solemne tontería al dejar su aldea. Renunció a los viajes infructuosos; regresó a su tierra y al ver de lejos su casa lloró de alegría, exclamando:

—¡Dichoso quien vive tranquilo en su hogar y sólo se ocupa de moderar sus deseos! No sabe, más que de oídas, lo que es la corte, y el mar, y tu imperio, oh, fortuna loca, que nos presentas a la vista honores y riquezas, tras los cuales corremos hasta el fin del mundo, sin ver cumplidas nunca tus promesas. Desde hoy ya no me muevo, y estaré cien veces mejor. Pensando de esta manera y habiendo formado tal propósito en contra de la fortuna, dio con ella; estaba sentada a la puerta de su amigo, quien dormía a pierna suelta.

La corte del león

Su majestad el león quiso conocer un día a todos los pueblos, de los que, por gracia del cielo, era amo y señor. Entonces envió una circular, autorizada con su sello regio, para congregar a sus vasallos de todas clases y categorías. Anunciaba la circular que durante un mes el rey celebraría corte plena, que debía comenzar con un gran banquete seguido de las actuaciones de Fagotín.* Con estos rasgos de esplendidez demostraba el monarca su grandeza a los súbditos.

Lo celebraría en su palacio; ¡qué palacio! Era un verdadero muladar, cuyo tufo caló en las narices de todos. El oso se las tapó; ¡nunca lo hubiera hecho! Se notó el ademán, y el monarca, enojado, lo envió a los infiernos.

El mono aprobó aquella severidad, y con baja adulación elogió la cólera y las garras del príncipe, la cueva real y además el hedor que exhalaba. No había ámbar ni flor alguna que a su lado no pareciera ajos y cebollas. Sus necias alabanzas no tuvieron mejor éxito, fueron castigadas igualmente; aquel león debía ser pariente de Calígula.

Le tocó el turno al zorro, y le dijo su majestad:

—¿Hueles algo? Dímelo con toda franqueza.

¿Qué le contestó el astuto animal? Que tenía un fuerte resfriado y que no podía decir nada, porque había quedado sin olfato. Y salió del apuro.

Aprovechen esta lección. En la corte, no sean ni aduladores insulsos ni habladores imprudentes, y si se ven en algún aprieto, sean astutos.

*Fagotín era un mono famoso en París, del cual habla también Molière en su *Tartuffe*.

Ingratitud e injusticia de los hombres para con la fortuna

Era un comerciante que traficando por mar se enriqueció. Hizo muchos viajes, triunfando siempre sobre los vientos. Ningún escollo, arrecife ni remolino cobró peaje de sus mercancías. Lo salvó la suerte de cualquier percance. Neptuno y las parcas imponían sus derechos a todos sus amigos, mientras que la fortuna se encargaba de llevar sus barcos a puerto. Socios y clientes, todos le fueron fieles. Vendió muy bien el tabaco, el azúcar y la canela. Se disputaban sus porcelanas de China. La moda y el lujo aumentaron maravillosamente su caudal; llovía oro en su gaveta. En su casa sólo se hablaba de doblones. Tenía perros, caballos y coches. Sus comidas de vigilia parecían banquetes de boda. Al ver aquellos suntuosos festines, le dijo un amigo:

—¿De dónde proviene tan buen trato?

—¿De dónde ha de provenir más que de mi ingenio? —le respondió—. Todo me lo debo a mí mismo, a mis afanes, a mi acierto en arriesgarme a tiempo y colocar bien el dinero.

Como el lucro es una cosa tan dulce y tentadora, arriesgó de nuevo el capital que había hecho, pero esta vez nada le salió bien. Fue culpa de su imprudencia; un buque mal equipado se perdió a la primera borrasca; otro, mal provisto de armas, fue presa de piratas; un tercer buque, que pudo llegar al puerto, no vendió la mercancía; el lujo y la moda habían cambiado. En fin, víctima de factores que lo engañaron y de sus gastos excesivos en edificaciones y francachelas, quedó pobre de repente. Su amigo, viéndolo en tan mísero estado, le preguntó:

—¿Y esto, de dónde proviene?

—¡Ay! —contestó—, ¡azares de la fortuna!

—Consuélate —le replicó—, si la fortuna no quiere que seas dichoso, sé por lo menos prudente y razonable.

Quién sabe si atendió el consejo. Lo que sé es que cada uno atribuye, en caso parecido, su prosperidad a su propio trabajo, y si por culpa suya tiene algún fracaso, se desata en quejas contra su mala suerte. El bien lo debemos siempre a nosotros mismos; el mal nos lo envía la fortuna. Siempre queremos tener razón, y que ella sea la culpable.

Las dos adivinas

Del azar nace casi siempre la opinión de las personas, y esa opinión es la que forma el concepto en que se les tiene. Muchos ejemplos pudiera alegar; en el mundo todo es preocupación, cábala y encaprichamiento; justicia, poco o nada. Así es la corriente. ¿Quién se opone a ella? Siempre fue lo mismo, y lo mismo será siempre.

Había en París una mujer que la hacía de adivina. A cada momento iban a consultarla. Una, porque había perdido un dije; otra, porque tenía un amante o porque su marido bebía demasiado; un marido, porque tenía una mujer celosa; un hijo, porque su madre era muy severa y gruñona; todos corrían a casa de aquella adivina para que les pronosticara lo mismo que deseaban. Toda la ciencia de la adivina consistía en su perspicacia y astucia. Algunas frases cabalísticas, mucha osadía y la casualidad algunas veces, concurrían para hacer creer en estupendas profecías, y de esta manera se hacía pasar por un oráculo. El oráculo estaba encerrado en un cuartucho, y allí ganó tanto dinero, que sin contar con otros recursos compró un empleo para su marido y casa decente donde vivir.

Ocupó el cuartucho otra inquilina, a quien toda la ciudad, chicos y grandes, hombres y mujeres, iban a preguntar, igual que antes, la buenaventura, de modo que aquel lugar, acreditado por la dueña anterior, se vio convertido en otro antro de adivinación. Su nueva huésped no podía quitarse a la gente de encima.

—¡Yo adivina! —exclamaba—, ¡se burlan de mí! Si no sé leer ni escribir. Me ha costado trabajo aprender el Padre nuestro.

Pero no atendían razones. Tuvo que resignarse, que pronosticar y predecir, y llenar la bolsa de doblones, y ganar a la fuerza más que cuatro abogados. El aspecto y amueblado de la casa contribuían al éxito. Cuatro sillas cojas, un mango de escoba, todo olía a sábado y a aquelarre. Si aquella buena mujer hubiera dicho verdades como puños en un aposento bien tapizado, nadie la hubiera creído. El prestigio estaba en el cuartucho.

La otra adivina se arruinó.

La muestra y el rótulo aseguran la parroquia. He visto en los tribunales a una toga mal puesta ganar mucho dinero. La había tomado la gente por el letrado A o B, que era muy bueno en el foro.

Las dos adivinas

La cabeza y la cola de la culebra

La culebra tiene dos partes, igualmente enemigas del género humano: la cabeza y la cola, y ambas han prestado grandes servicios a las parcas, hasta el punto de que antaño tuvieron grandes discusiones sobre cuál debía ir delante. La cabeza había ido siempre en la vanguardia. La cola se quejó a los cielos, diciendo:

—Hago leguas y más leguas de camino, al capricho de ésta; ¿he de someterme siempre? Soy su humilde secuaz, y eso no debe ser; me han hecho hermana suya, y no sierva. ¿No somos de la misma sangre? Entonces deben tratarnos de la misma manera. Igual que ella, tengo un veneno poderoso y activo. Mi pretensión es que lo dispongan de modo que, por turno, preceda yo a mi hermana la cabeza. La conduciré tan bien que no tendrá motivo de queja.

El cielo acogió estos pedimentos con una bondad cruel. ¡Qué malos resultados tiene a veces su condescendencia! Debiera ser sordo a los ruegos insensatos. No lo fue entonces, y la nueva conductora, que en pleno día no veía más claro que en boca de lobo, topaba con los árboles, con las piedras, con lo que se le ponía enfrente, y de tumbo en tumbo, despeñó a su hermana en la laguna Estigia.

¡Ay de los Estados que caen en ese error!

El gato, la comadreja y el conejo

La astuta comadreja se apoderó una mañana de la guarida de un conejo. Como el dueño estaba ausente, no tropezó con ninguna dificultad. Se instaló allí, mientras él festejaba a la aurora entre los romeros y tomillos. Después de desayunar y corretear a sus anchas, el conejo regresó a su subterránea mansión. La comadreja asomaba el hocico por la ventana.

—¡Qué veo, dioses hospitalarios! —exclamó el animal arrojado del hogar paterno—. Sal de inmediato, comadreja, o aviso a todas las ratas del contorno.

La dama del hocico en punta contestó que en el mundo todo era del primer ocupante y que, además, en aquella madriguera sólo se podía entrar a rastras.

—Y aun cuando fuera un palacio, quisiera saber —decía— qué ley lo ha adjudicado para siempre a don Juan Conejo, hijo de don Pedro Conejón, o de don Pablo Conejazo, con preferencia a don Blas Conejillo, o a mí misma.

El conejo alegó el uso y la costumbre.

—Éstas son las leyes —decía— que me han hecho dueño y señor de esa morada, trasmitiéndola de padres a hijos. ¿Puede tener más fuerza el derecho del primer ocupante? Pues bien, no alborotemos, sometamos el asunto al Dr. Raminagrobis.

Este doctor era un gato que vivía como ermitaño; un santo varón gatuno, muy orondo y de buen pelo, árbitro expertísimo en todos los casos difíciles. Lo aceptaron como juez y se presentaron ante él.

—¡Hijos míos! —les dice—, acérquense, acérquense más; estoy un poco sordo; ¡achaques de la vejez!

Se acercaron los litigantes sin recelar nada. En cuanto los vio al alcance, el santo varón les echó las dos zarpas a la vez y los puso de acuerdo engulléndolos juntos.

Lo cual es, punto por punto, parecido a los desacuerdos de los pequeños príncipes sometidos a reyes poderosos.

Un animal en la luna

Un filósofo asegura que nuestros sentidos nos inducen a error; otro sostiene que nunca nos engañan. Ambos tienen razón; la filosofía está en lo cierto al decir que los sentidos son engañadores cuando fundamos en ellos nuestros juicios, pero si rectificamos la imagen del objeto, atendiendo a la distancia, al medio que la rodea, al órgano que lo percibe y al instrumento que lo auxilia, los sentidos no nos engañarán. La naturaleza lo ordenó todo sabiamente; en otra ocasión diré a la larga el porqué.

Veo el sol; ¿cuál es su forma? Desde aquí abajo, el enorme astro no tiene más que tres palmos de circunferencia, pero si lo viera allá arriba, en su propia esfera, ¡qué grande aparecería a mi vista ese ojo del universo! La distancia me hace formar una idea de su magnitud; el cálculo del ángulo y sus lados la determina. El ignorante cree que el sol es plano, como un plato; yo, con el estudio, lo veo esférico. Hago más, lo detengo en el cielo, y mientras permanece inmóvil, la Tierra gira en torno suyo. De modo que desmiento a mis propios ojos; la ilusión visual deja de engañarme. Mi razón, en todos los casos, descubre la verdad oculta bajo la apariencia, separándose de mis ojos, demasiado prontos quizá, y de mis oídos, demasiado tardados.

Cuando se dobla el palo que introduzco en el agua, mi inteligencia lo endereza. La inteligencia lo decide todo en definitiva. Con su auxilio, jamás me ilusionan mis pupilas, aunque siempre están mintiéndome. Si tuviera que juzgar por lo que me hacen ver, creería que la luna tiene cara de vieja. Eso, ¿puede ser? No. ¿De dónde proviene, entonces, tal ilusión? Las desigualdades del disco lunar producen ese efecto. La luna no tiene lisa la superficie, es montuosa en unos puntos y plana en otros; las sombras y los resplandores figuran a veces un hombre, un buey o un elefante. En tiempos de antes ocurrió algo de eso en Inglaterra.[1]

Dispuesto y apuntado el telescopio, apareció un aminal en el disco de la luna. ¡Qué sorpresa para todos! ¿Habría ocurrido en aquel astro algún cambio precursor de terrible cataclismo? Quizá la guerra que había estallado entre poderosas naciones, era consecuencia de él. Acudió el rey; como corresponde a un mandatario, protegía estos sublimes estudios. Y también pudo ver el rey aquel animal, fijo en el disco lunar. ¿Y qué era? Un ratoncillo que se había metido entre los lentes del telescopio. ¡Aquel era el pronóstico y el origen de la tremenda guerra! Todos soltaron a reír. ¡Nación dichosa! ¿Cuándo podrán los franceses dedicarse por completo, como ella, a tareas útiles?[2] Marte nos da abundante cosecha de gloria; que teman nuestros enemigos los combates, busquémoslos nosotros sin miedo, seguros de que la victoria, amante de Luis,[3] lo seguirá siempre. Célebre lo harán en la historia sus laureles. Tampoco nos han abandonado las musas, disfrutamos sus delicias. Deseamos la paz, pero no hasta el punto de suspirar por ella. Carlos[4] sabe disfrutar sus goces; también sabría distinguirse en las lides, conduciendo a Inglaterra a los ejercicios bélicos de los que hoy es pacífica espectadora. Pero, si pudiera apaciguar la contienda ¡cuánto aplauso alcanzaría! No habría gloria más digna de él. La misión de Augusto ¿no fue tan noble y digna como la de César? ¿Cuándo vendrá la paz y nos dejará entregarnos del todo a las artes, como tú, pueblo dichoso?

[1] Se atribuyó a un astrónomo de la Sociedad Real de Londres el burlesco incidente que dio motivo a La Fontaine para las reflexiones sobre los errores de nuestros sentidos, de que habla en esta fábula.
[2] Inglaterra estaba en paz con todas las naciones, mientras que Francia batallaba con Holanda, Alemania y España.
[3] Luis XIV de Francia.
[4] Carlos II de Inglaterra.

Un animal en la luna

El zapatero remendón y el capitalista

Un zapatero remendón cantaba todo el día. Daba gusto verlo, y más oírlo; todo era cantar y más cantar, contento y feliz como ninguno de los siete sabios de Grecia. Su vecino, muy al contrario, aunque estaba repleto de doblones, cantaba poco y dormía menos, era un capitalista. Si dormitaba fatigado al rayar el día, lo despertaba entonces la canción del zapatero, y el infeliz millonario se lamentaba de que no se vendiera en la plaza el dormir como el comer y el beber.

Un día llamó al cantador y le dijo:

—Vamos a ver, maese Gregorio, ¿cuánto ganas al año?

—¿Al año? Dispense usted —contestó el zapatero con su cara de Pascua— pero jamás saqué esa cuenta. No me queda una moneda de un día para otro; me doy por contento con llegar al fin del año comiendo el pan nuestro de cada día.

—Pues bien, ¿cuánto ganas al día?

—Unas veces más y otras menos. No sería malo el oficio si no fuera porque hay muchos días en que no se puede trabajar. Nos arruinan las fiestas, y cada vez añade el señor cura nuevos santos al calendario.

El capitalista, riendo de su sencillez, le dijo:

—Te quiero hacer un favor. Toma cien doblones, guárdalos para una necesidad.

El zapatero creyó ver reunido todo el oro que la tierra había producido en cien años. Regresó a su casa, escondió en un hoyo su caudal y sepultó con él sus alegrías. ¡Adiós cantares! Perdió la voz en cuanto obtuvo lo que causa nuestras zozobras. Huyó el sueño de su hogar, tuvo por huéspedes afanes, alarmas y recelos. Todo el día estaba vigilando, y de noche, si andaba por la casa un gato y hacía el menor ruido, el gato era un ladrón que le robaba su tesoro. Cuando ya no pudo más, el pobre hombre fue a buscar a aquel vecino a quien ya no despertaba con sus canciones matutinas.

—Devuélvame mis canciones y mi sosiego —le dijo— y tome sus cien doblones.

El zapatero remendón y el capitalista

El león, el lobo y la zorra

Un león decrépito, paralítico, y casi al final de sus días, pedía un remedio para la vejez. A los reyes no se les puede decir que es imposible. Envió a buscar médicos entre todas las razas de animales, y de todas partes vinieron los doctores, bien provistos de recetas. Le hicieron muchas visitas, pero faltó la de la zorra, que se mantuvo encerrada en su guarida. El lobo, que también hacía la corte al monarca moribundo, denunció al compañero ausente. El rey mandó que en el acto hicieran salir a la zorra de su madriguera y la llevaran a su presencia. Vino, se presentó, y recelosa de que el lobo había llevado el soplo, dijo así al león:

—Mucho temo, señor, que informes maliciosos hayan achacado a falta de celo la demora de mi presentación, sepa que estaba peregrinando, en cumplimiento de cierta promesa que hice por su salud, y he podido tratar en mi viaje con varones expertos y doctos, a quienes he consultado sobre la postración que aqueja y aflige a su majestad. Lo único que le falta es calor, los años lo han gastado; que le apliquen entonces la piel caliente y humeante de un lobo, desollándolo vivo, es un remedio excelente para una naturaleza desfallecida. Ya verá qué camiseta interior tan buena le proporciona el señor lobo.

Le pareció bien el remedio al monarca; desollaron al lobo de inmediato, lo descuartizaron e hicieron tajadas. Cenó de ellas el león y se abrigó con su pellejo.

Aprendan, cortesanos, no se dañen unos a otros; hagan la corte, si pueden, sin murmurar de los demás; entre ustedes, el bien se paga con el mal. Los chismosos son castigados al fin, de un modo o de otro; viven en un oficio en que nada se perdona.

El león, el lobo y la zorra

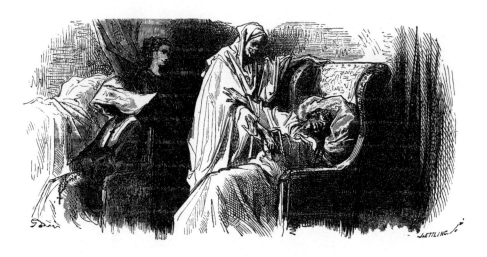

La muerte y el moribundo

La muerte no sorprende al verdadero sabio, éste siempre se halla dispuesto porque se previene a tiempo para el tránsito fatal. Ese tiempo abarca todos los tiempos; no hay día, ni hora, ni minuto, que no esté comprendido en el tributo que rendimos a las parcas. El mismo instante en que abren los ojos a la luz los hijos de los reyes, suele ser el que cierra sus párpados para siempre. Ni la grandeza, ni la hermosura, ni la juventud, ni las virtudes los defenderán; la muerte atropella por cualquier lado; de todo se apodera; algún día será suyo el mundo entero. Nada hay tan sabido como que hemos de morir, y sin embargo, para eso no estamos bien preparados.

Un moribundo, que tenía más de cien años de vida, se quejaba con la muerte de que lo obligara a partir tan de improviso, sin dejarlo hacer un testamento, sin avisarle de antemano.

—¿Es justo hacernos morir de prisa y corriendo? —exclamaba—. Espera un poco, mi mujer no quiere que me vaya sin ella; me falta colocar a un nieto; tengo que añadir un ala a mi casa. ¡Qué apremiante eres, diosa cruel!

—Anciano —dijo la muerte—, no te he sorprendido, sin razón te quejas de mi impaciencia. ¿No has cumplido ya cien años? ¡A que no encuentras en todo París dos más viejos que tú! ¡A que no encuentras diez en toda Francia! Dices que debía darte algún aviso para prepararte a este trance, para que tuvieras el testamento hecho, el nieto colocado y la casa terminada. ¿No te debiste dar por avisado al ver que ibas perdiendo fuerzas y sentidos? Faltó el paladar, faltó el oído; para ti todo parece que se haya apagado, hasta te son inútiles los beneficios que derrama el astro del día. Te duele dejar bienes que ya no disfrutas. Están muertos, moribundos o enfermos todos tus amigos. ¿No son avisos estos? Vamos, pues, buen viejo, no te hagas el remolón. No importa a nadie que dejes o no un testamento.

Tenía razón la muerte; a esa edad debiéramos salir del mundo como de un banquete, dando gracias al anfitrión y haciendo la maleta de buena gana. Después de todo, ¿qué puede tardar ya ese viaje?

Refunfuñas, lector viejo, mira entonces morir a esos jóvenes, míralos correr a una muerte, noble y gloriosa sí, pero segura, y muchas veces cruel. Pero, en vano me esfuerzo; será sermón perdido cuanto diga; los que están ya casi muertos son los que más temen a la muerte.

El poder de las fábulas

La jerarquía de un Embajador ¿puede rebajarse hasta escuchar cuentos vulgares? ¿Puedo atreverme a dedicarle mis pobres y humildes fábulas? ¿No serán tratadas de temerarias, si alguna vez levantan el vuelo? Tiene asuntos más importantes de que ocuparse, que las peleas de la comadreja y el conejo. Lean mis fábulas o no las lean, pero impidan que caiga toda Europa sobre nosotros. Vengan, en buen hora, enemigos de todas las partes de la Tierra; me parece bien, pero que pretenda Inglaterra romper la amistad de nuestros dos reyes, no lo puedo concebir.* ¿No es tiempo ya de que descanse Luis? ¡Hércules mismo se fatigaría de combatir contra esa hidra! ¿Aún ha de levantar otra cabeza para hacer frente a su esforzado brazo? Si su ingenio perspicaz y elocuente palabra logran calmar los ánimos y evitar ese golpe, inmolaré cien corderos en el altar; no es poco para un huésped del Parnaso. Y miéntras tanto, háganme el honor de aceptar estos granos de incienso; no rechacen mi buena voluntad ni el relato que les dedico.

El argumento les sienta bien; y no digo más, porque no permite que insista nadie en sus elogios, aunque son tan merecidos, que hasta la envidia los aprueba.

En Atenas, ciudad frívola y cambiante, un orador, que veía en peligro a su patria, subió a la tribuna, y valiéndose de un arte tiránico para forzar las voluntades en una república, habló elocuentemente de la salvación común. No le ponían atención. Apeló a las imágenes brillantes, que excitan los ánimos más tranquilos; hizo hablar a los muertos; gritó y se esforzó cuanto pudo, pero el viento se llevó sus palabras; nadie se conmovió. Aquel pueblo trivial estaba acostumbrado a las galas de la retórica, y ni se dignaba escuchar al orador. Todos se fijaban en cualquier otra cosa, hasta había quien olvidaba su discurso para atender a las reyertas de los niños.

¿Qué hizo entonces el tribuno? Tomó por otro camino y comenzó a contar: "Ceres iba de viaje con la anguila y la golondrina. Un río los detuvo; la anguila nadando y la golondrina volando pasaron a la otra orilla. ¿Y Ceres?" "¿Qué hizo?", preguntó la gente, como si sólo tuviera una voz. "¿Qué hizo? Se encolerizó contra ustedes. ¡Y con razón! Es posible que su pueblo se interese por cuentos de niños, y entre todas las ciudades de Grecia, sea la única que olvide el peligro que la amenaza? Lo que deben preguntarme no es lo que Ceres hizo, sino lo que hace Filipo". La asamblea, subyugada, se entregó por completo al orador. ¡Tanta fue la eficacia de su fábula!

Todos somos atenienses en este punto, y a mí mismo, que estoy escribiendo esta moraleja, si vinieran a contarme ahora una fábula nueva, me daría gusto. Dicen que cl mundo es viejo, pero hay que entretenerlo y divertirlo como a los niños.

*El Parlamento inglés quería que si Luis XIV no hacía paces con los aliados, se uniera a ellos Carlos II para combatirlo.

El hombre y la pulga

Cansamos al cielo con votos impertinentes, sobre asuntos muchas veces indignos de él, como si la divinidad hubiera de tener puestos siempre los ojos en nosotros, y como si el último de los hombres, a cada paso que da, a cada insignificancia que le ocurre, tuviera que trastornar el Olimpo y a todos sus augustos habitantes, como si se tratara de la guerra entre griegos y troyanos.

Un patán sintió una pulga que le picaba en la espalda, oculta entre los pliegues de la ropa.

—¡Hércules! —gritó—. ¿Por qué no libras al mundo de esta hidra que renace con la primavera? ¿En qué piensas, Júpiter, que desde tu trono celestial no exterminas esta raza y me vengas de ella?

¡Y para matar una pulga les pedía a los dioses la formidable lanza y el haz de los rayos!

El perro que llevaba la comida del amo

Nadie tiene los ojos exentos de la tentación de la hermosura, ni libres las manos de la del oro; son pocos los que cuidan un tesoro con bastante fidelidad.

Un perro llevaba a casa la comida del amo colgada al cuello. Era sobrio y frugal, más de lo que hubiera querido cuando veía una buena tajada, pero al fin y al cabo, lo era. ¿No estamos todos sujetos a esas debilidades? ¡Extraña contradicción! La frugalidad, que enseñamos a los perros, no la pueden aprender los hombres.

Entonces quedamos en que aquel perro era de esa condición. El caso fue que pasó un mastín y trató de quitarle los manjares. No lo consiguió tan fácilmente como creía; nuestro perro dejó en tierra la presa para defenderla mejor; libre de la carga, comenzó la batalla. Acudieron otros perros, entre ellos algunos de esos que viven en el país y hacen poco caso de los golpes. No podía contra todos el pobre can, y viendo la comida en inminente riesgo, quiso obtener su parte, como era razonable.

—¡Basta de pelea! —les dijo—. Sólo quiero mi ración, lo demás es para ustedes.

Y diciendo esto, hinca el diente, antes que nadie. Y cada quien jala por su parte, y todos participaron de la merienda.

Veo en este caso el vivo ejemplo de una ciudad cuyo dinero está a merced de todos. Regidores, síndicos y alcabaleros meten la mano hasta el codo. El más listo abre los ojos a los demás y en un momento quedan limpias las arcas. Si algún escrupuloso quiere defender el caudal público con frívolas razones, le hacen ver que es un tonto. No le cuesta mucho convencerse y de inmediato lo ven meter la uña como el primero.

El perro que llevaba la comida del amo

Las mujeres y el secreto

Nada pesa tanto como un secreto, es una carga que abruma al sexo débil, y en esto conozco a muchos hombres que son mujeres también.

Para probar a la suya, comenzó a gritar un marido, cuando estaba en la cama:

—¡Santos cielos! ¿Qué es esto? ¡No puedo más! ¡Voy a reventar! ¡Ay! ¡He puesto un huevo!

—¿Un huevo?

—Sí, ahí lo tienes, aún está caliente. No le digas a nadie, me llamarían gallina.

La mujer, ignorante en esta y otras muchas cosas, lo creyó, y puso a todos los dioses por testigos de la solemne promesa que hizo de callarse, pero los juramentos se desvanecieron junto con las tinieblas nocturnas. Apenas rayó el día, dejó el lecho la indiscreta esposa y corrió a buscar a la vecina:

—¡Ah, comadre! —le dijo—, ¡si supieras lo que pasa! No me descubras, porque lo pagaría yo; mi marido ha puesto un huevo tan grueso como el puño. ¡Por Dios, guarda bien el secreto!

—¿Te burlas? —contestó la comadre—. No sabes quién soy yo. Vete tranquila.

Y regresó satisfecha a su casa la habladora.

La otra ardía en deseos de esparcir la noticia, y en seguida corrió a contarla de casa en casa, pero en lugar de un huevo, dijo tres. Y no quedaron en tres, porque otra comadre habló de cuatro, refiriendo el caso al oído, precaución inútil, porque ya no era un secreto para nadie. Y gracias a la voz pública fue creciendo el número de los huevos, y antes de acabar el día ya eran más de cien.

El ratón y la ostra

Un ratón, nacido en el campo, y ligero de cascos, se cansó pronto de los domésticos lares. Entonces dejo el hogar paterno, el grano y las gavillas, y marchó a correr mundo.

En cuanto estuvo fuera de su madriguera, exclamó:

—¡Qué espaciosa es la tierra! ¡He ahí los Apeninos! ¡He allá el Cáucaso!

Cualquier montoncillo de tierra era para él un Himalaya. Después de unos días llegó el viajero a una playa donde las olas habían dejado en seco algunas ostras, y nuestro ratón creyó al verlas que eran buques de alto bordo.

—¡En verdad que mi padre era un pobre señor! —decía—. No se atrevía a viajar, temeroso de todo. ¡No hay otro como yo! He visto ya el imperio de Neptuno y he cruzado los áridos desiertos de Libia.

De una rata erudita había aprendido todo esto, y lo aplicaba como Dios le daba a entender, porque no era de aquellos ratones que a fuerza de roer libros se hacen sabios.

Entre aquellas ostras, cerradas casi todas, había una abierta; bostezando al sol respiraba la fresca brisa; blanca, tierna, jugosa, y a juzgar por las trazas, sabrosísima. En cuanto distinguió el ratón aquella ostra viva y palpitante, exclamó:

—¿Qué veo? Parece comida, y si no engaña la apariencia, es bocado exquisito que se me presenta, como no lo probé nunca.

El inexperto animal, contento y esperanzado, se acerca al marisco, alarga el cuello y se siente cogido en una trampa; la ostra se había cerrado. Esas son las consecuencias de la ignorancia.

Esta fábula encierra más de una lección; en primer lugar vemos cómo les sorprende todo a los que no tienen conocimiento del mundo, y vemos también que, a veces, a quien cree apuntar mejor, le sale el tiro por la culata.

El chistoso y los pescados

Muchos buscan a los chistosos; yo huyo de ellos. El chiste es un arte que requiere, más que algún otro, mérito superior. A los dicharacheros los hizo Dios para divertir a los tontos. Introduciré uno de ellos en esta fábula; veremos si logro mi objetivo.

Un chistoso se sentaba a la mesa de un rico banquero, y sólo tenía a su alcance menudos pescadillos; los grandes estaban más lejos. Así que tomaba de los pequeños y hacía como que les hablaba al oído y atendía su respuesta. Aquella pantomima chocó a los comensales, y el chistoso, con gran pompa, dijo que estaba preocupado por un amigo suyo que había partido para las Indias hacía ya un año, y temía que hubiera naufragado. Eso era lo que preguntaba a aquellos pececillos, y le decían todos que no tenían bastante edad para darle razón; los peces viejos estarían más enterados.

—¿Me permitirán que interrogue a uno de ellos?

Yo no sé si cayó en gracia su ocurrencia, lo que sé es que se hizo servir un monstruo marino, capaz de darle cuenta de todos los náufragos del océano de cien años a esta parte.

Tirsis y Amaranta

Decía Tirsis a la joven Amaranta:

—Si sintieras, como yo, algo que nos deleita y hechiza, no hallarías en el mundo más felicidad. Permite que te lo trasmita; créeme, no tengas miedo. ¿Te engañaría yo, que tanto te estimo?

—¿Cómo se llama ese algo? —replicó Amaranta en el acto—. ¿Qué nombre le das?

—Amor.

—¡Bonito nombre! Dame algunas señas para conocerlo. ¿Qué siente quien lo padece?

—Siente una pena, con la cual comparados, son insípidos y fastidiosos los placeres de los reyes. Se goza en la soledad de la selva. Mira el cristal de una fuente y no halla en él la imagen propia; ve otra que lo sigue a todas partes, que sin cesar se presenta a sus ojos; para todo lo demás es ciego... Hay un pastor en la aldea cuyo aspecto, voz y nombre hacen ruborizarse a la bella; cuyo recuerdo la hace suspirar. ¿Por qué? No lo sabe, pero el caso es que suspira, que tiene miedo de verlo, y sin embargo, lo desea.

Amaranta lo interrumpió diciendo:

—¿Esa es la enfermedad de que me estás hablando siempre? No es nueva, ¡la conozco bien!

Tirsis creía ya logrado su objetivo, cuando añadió la pastora:

—Eso es precisamente lo que siento por Clidamante.

Y el otro infeliz se sintió morir de vergüenza y despecho.

Hay muchos como Tirsis; piensan obrar por su propia cuenta y trabajan para otro.

Tirsis y Amaranta

El oso y el floricultor

Un oso selvático, relegado por su pícara suerte a un bosque desierto, vivía solo y escondido. Se volvió loco, porque no hay cosa que más trastorne la mollera que el aislamiento. Hablar es bueno; callar, aún es mejor; pero una y otra cosa llevadas al exceso, son igualmente dañinas. No aparecía ser viviente en los lugares habitados por el oso, y al fin, oso como era, se aburrió de aquella triste vida.

Mientras se entregaba al tedio, se fastidiaba también soberanamente un viejo que vivía en las cercanías. Le gustaban los jardines, era sacerdote de Flora y de Pomona. Son buenas aficiones pero para completarlas hace falta un amigo; los jardines no dicen nada, a no ser en mis fábulas. Cansado de vivir con mudos, nuestro hombre salió de casa una mañana, resuelto a buscar compañía. Con el mismo objeto había bajado el oso de sus cerros, y en un recodo del camino se encontraron. Le dio miedo al viejo, pero ¿cómo evitar el encuentro? ¿Qué hacer? Lo mejor en estos casos es hacerla de valiente. Disimuló. El oso, que nunca pecó de cortés, le dijo:

—¡Hombre, ven a verme, hazme una visita!

—Señor, allí tienes mi casa —le contestó el viejo—. Si te dignas honrarla, te ofreceré un humilde refrigerio. Tengo frutas y leche; no será propio este pobre obsequio de su excelencia pero ofrezco lo que tengo.

Aceptó el huésped de las selvas y marcharon juntos.

Antes de llegar a casa, ya eran buenos amigos; una vez en ella se encontraron muy a gusto y fueron excelentes compañeros. Dicen que más vale estar solo que en compañía de un necio, pero como el oso no decía cuatro palabras en toda la jornada, no le hacía estorbo al floricultor para sus faenas. Iba al monte y traía buena caza, y le prestaba al compañero mejor servicio; cuando éste dormía, le espantaba las moscas. Cierta ocasión en que el viejo estaba profundamente dormido, se le paró uno de esos incómodos volátiles en la punta de la nariz. El oso la espantaba, ella volvía, y ya estaba exasperado el velludo animal. "Verás cómo te atrapo", pensó; agarró una piedra y lo arrojó con toda su fuerza. Y aplastó la mosca, sí, pero también la cabeza del compañero.

Nada hay peor que un amigo torpe; vale más un enemigo listo.

El oso y el floricultor

El asno y el perro

Debemos prestarnos ayuda mutua, es una ley de la naturaleza. Un asno se burló de ella, y es cosa extraña, porque el asno suele tener buen instinto. Iba por el mundo en compañía de un perro, serio y silencioso, sin pensar en nada, seguidos ambos por el amo común. El amo se durmió y el asno se puso a pacer; estaba en un prado lleno de apetitosa hierba. No había en él cardos, pero se resignó por entonces a esta falta; no hay que ser tan exigente; no porque falte ese plato ha de desdeñarse un banquete. Nuestro asno supo, al fin y al cabo, prescindir de él.

El perro, medio muerto de hambre, le dijo:

—Amigo, bájate un poco y tomaré mi almuerzo del cesto del pan.

No contestó palabra el asno; perder un minuto era para él perder un bocado.

Insistió el otro, y al fin le respondió:

—Espera, amigo mío, a que el amo despierte y te dará tu ración, ya no puede tardar.

En esto sale del bosque un lobo y se dirige a ellos; un tercer hambriento. El asno llama al perro en su ayuda, pero el perro no se mueve, y al fin dice:

—Espera, amigo mío, a que despierte el amo, y mientras tanto echa a correr. Si el lobo te alcanza, rómpele las quijadas con un par de coces, para eso estás recién herrado.

Cuando el perro decía esto, el lobo estrangulaba al pobre asno.

¿No hubiera sido mejor ayudarse el uno al otro?

El ratón y el elefante

Creerse grande es cosa muy común en Francia; muchos alardean de personajes y son unos pobres diablos. Es la enfermedad del país; la vanidad es nuestro defecto. Los españoles son también vanidosos, pero de otra manera; su orgullo me parece más loco, pero menos tonto. Demos alguna idea del nuestro, que raya tan alto como el que más.

Un ratoncillo, de los más diminutos, viendo a un elefante, de los más corpulentos, se burlaba de la pausada marcha del gigantón, que llevaba completa la carga. Llevaba a cuestas a una famosa sultana, que iba de peregrinación con su faldero, su gato, su mona, su cotorra, su aya, y toda su casa. Se asombraba el ratoncillo de que chocara a los caminantes aquel enorme volumen, como si el ocupar más o menos sitio nos hiciera más o menos importantes.

—¿Qué admiran tanto? —decía—, ¿ese cuerpo grande que amedrenta a los chiquillos? Tan menudos como somos, no nos tenemos los ratones en menos que los elefantes.

Hubiera dicho mucho más, pero no le dio tiempo un gato que, cayendo sobre él, le hizo ver en un abrir y cerrar de ojos que un ratón no es un elefante.

El ratón y el elefante

Los funerales de la leona

Murió la esposa del león; todos acudieron para cumplir con el rey, abrumándolo con esas frases huecas de consuelo, que son un recargo al dolor. Se dio aviso a todo el reino de que tal día y en tal punto se celebrarían los funerales; sus chambelanes y capitanes estarían allí para disponer la ceremonia y colocar a los asistentes. Nadie faltó. El rey se entregó a los extremos de su tristeza, y resonaron en el antro real sus alaridos. No tienen otro templo los leones. Al compás de los lamentos del monarca, se lamentaron todos los cortesanos, cada quien en su jerga y algarabía.

¿Quieren que les defina la corte? Es un país donde la gente, gozosa o triste, a todo dispuesta, a todo indiferente, es lo que quiere el rey que sea, y si no lo es, procura aparentarlo. Pueblo-camaleón, pueblo-mono, copiando siempre a su amo y señor. Hay mil cuerpos, y parece que sólo tienen un alma. Allí sí que puede decirse que los hombres no son más que máquinas.

Para regresar a nuestro cuento, el ciervo no lloró. ¿Cómo había de llorar, si aquella muerte vengaba sus agravios? La leona había estrangulado a su esposa y a sus hijos. Así que no lloró. Un adulador fue a decírselo a su majestad, y añadió que lo había visto sonreír. La cólera de un rey es terrible, como dice Salomón, y si el rey se llama León, aún lo es más. Pero aquel ciervo no había leído la Biblia. El monarca le dijo:

—¡Cobarde huésped de la espesura, tú ríes! ¡Tú ríes, ajeno a todos esos lamentos! No me dignaré hincar en tus profanos miembros mis garras sacrosantas. Vengan lobos, venguen a la reina. Inmolen a ese traidor.

—Señor, pasó la hora de las lágrimas —contestó el ciervo—, el dolor ya es inútil. Tu digna cónyuge se me ha aparecido, recostada entre flores, muy cerca de este lugar. Al punto la reconocí, y me dijo: "Amigo, cuídate bien de llorar cuando me abren los dioses su morada. En los Campos Eliseos he disfrutado los supremos goces conversando con los bienaventurados como yo. En cuanto al rey, déjalo sumido en su desesperación". Apenas oyeron esto, gritaron todos: "¡Milagro!" Y el ciervo tuvo, en lugar de castigo, rico presente.

Diviertan a los reyes con ensueños y fantasías, adúlenlos, atráiganlos con mentiras halagadoras; por muy indignados que estén, tragarán el anzuelo y serán sus favoritos.

El horóscopo

Quien huye de su sino, suele tropezar con él en el camino que tomó para esquivarlo.

Hubo un padre que tuvo por única descendencia un solo hijo. Lo amaba tanto, que hasta consultó su suerte con los charlatanes que van por el mundo anunciando la buenaventura. Le dijo uno de ellos que procurara alejar al niño de los leones hasta que cumpliera veinte años. El padre, para librarlo de aquel peligro, prohibió que le dejaran poner el pie fuera del palacio. Bien podía, sin salir de él, satisfacer todos sus gustos, jugar todo el día con sus amigos, saltar, correr y pasear. Cuando llegó a la edad en que la caza es la diversión favorita de los jóvenes, le pintaron este ejercicio como la cosa más despreciable, pero hágase lo que se haga, ni consejos, ni enseñanzas, ni amonestaciones cambian el carácter. El joven, inquieto, impaciente y valeroso, apenas sintió el hervor de la juventud, suspiró por aquel placer. Cuantos más obstáculos encontraba, más se encendían sus deseos. Conocía el motivo de la fatal prohibición, y como su casa, magnífica y suntuosa, estaba llena de cuadros en los que por todas partes miraba cacerías y paisajes, se conmovió viendo a un león, y exclamó:

—¡Tú eres, oh monstruo, quien me hace vivir en oscuro cautiverio!

Y diciendo esto, se entregó a los actos más violentos de indignación, y dio un puñetazo a la fiera pintada. Había un clavo en la pared debajo del lienzo; se le enterró en la mano y penetró de tal modo que aquel ser tan querido, por quien hizo cuanto supo la ciencia de Esculapio, debió la muerte a las afanosas precauciones tomadas para salvarlo del peligro.

Suerte parecida tuvo el poeta Esquilo; dicen que un adivino lo previno que se cuidara de la caída de una casa. En seguida salió de la ciudad y puso el lecho en medio del campo, al aire libre, lejos de cualquier edificio. Un águila, que volaba llevando en las garras una tortuga, pasó por allí, vio al poeta, tomó su cabeza calva por una roca, y dejó caer sobre ella su presa para destrozarla; el pobre Esquilo buscó de esta manera su fin.

El bajá y el mercader

Un mercader griego traficaba en cierto país de Levante. Lo apoyaba un bajá, y el griego se lo pagaba como bajá, no como mercader; tan importante consideraba su protección. Pero tanto le costaba, que en todas partes se lamentaba de ello. Otros tres turcos de menor categoría fueron a ofrecerle su apoyo en sociedad; el reconocimiento que exigían entre los tres le costaría menos que lo que le costaba su gratitud al bajá. Atendió el griego su proposición y se entendió con ellos. No faltó quien lo advirtiera al bajá, y hasta le indicaron que obraría con prudencia encargando a aquellos tres individuos algún mensaje para Mahoma en su paraíso celestial, y cuanto antes mejor, porque si no lo hacía así, los tres amigos se anticiparían, usando alguna pócima que lo enviara a proteger mercaderes en el otro mundo.

El bajá, lleno de confianza, al recibir este aviso se portó como Alejandro. Se dirigió en el acto a casa del mercader y se sentó a la mesa. Mostraba tanta seguridad en su aspecto y en sus palabras, que no podía sospecharse que estuviera enterado de la trama.

—Amigo —le dijo—, sé que me abandonas, y hasta me indican que debo temer las consecuencias, pero te creo hombre de bien a carta cabal, y no tienes trazas de emponzoñar a nadie. Nada tengo que añadir sobre este asunto. En cuanto a los sujetos que te ofrecen su apoyo, escucha, no te molestaré con largas explicaciones, te contaré solamente una fábula.

"Eran un pastor, su perro y su ganado. Alguien preguntó al pastor para qué quería un mastín que cada día necesitaba un pan entero. Lo mejor que podía hacer era dar aquel perrazo al señor del lugar; a él, pobre pastor, le convenían más dos o tres perrillos, que gastando menos, cuidarían mejor el ganado que un perro solo. Y era verdad que el mastín comía por tres, pero no le decían que valía también por tres cuando los lobos atacaban a las ovejas. El pastor se deshizo de él y buscó tres perros más pequeños, que comían menos, pero echaban a correr cuando se presentaba el enemigo. Lo pagó el rebaño, y tú lo pagarás también si te fías de esos canallas. Créeme, y vuelve a mí".

Le creyó el griego; y esta misma fábula debe enseñar a cualquier provincia que, bien calculado todo, vale más entregarse a un rey poderoso que apoyarse en muchos príncipes pequeños.

El bajá y el mercader

Ventajas de la ciencia

Entre dos vecinos surgió una discusión. Uno era pobre, pero inteligente; el otro rico, pero ignorante. Pretendía éste triunfar sobre su contrario, alegando que toda persona razonable debía prestarle acatamiento. ¡Qué tontería! ¿Acaso merece reverencia la riqueza desprovista de otros méritos?

—Amigo mío —decía a menudo el rico al sabio—, te consideras persona respetable, pero dime: ¿tienes buena mesa? ¿De qué sirve a los doctos gastar los ojos leyendo sin cesar, si tienen que vivir siempre en tercer piso, si van vestidos de invierno en verano y de verano en invierno, y no tienen por lacayo más que su propia sombra? ¡Buen servicio prestará a la comunidad la gente que no tiene nada que gastar! Hombres útiles sólo son los que hacen bien a todos con su lujo. Nuestros goces dan trabajo al mercader y al artesano, y a ustedes mismos, cuando dedican a los hombres de dinero míseros libros que les son muy bien pagados.

Estas palabras impertinentes no tuvieron la contestación que merecían. El sabio calló; tenía demasiado que decir, pero mejor que lo hubiera hecho una sátira, porque lo vengó una guerra que sobrevino entonces.

Marte destruyó la ciudad que habitaban ambos vecinos, y tuvieron que abandonarla los dos.

El ignorante quedó sin albergue y en todas partes fue mal recibido. El sabio encontró abiertas todas las puertas. Así terminó la discusión.

Que digan los necios lo que quieran, el saber vale mucho.

Júpiter y los truenos

Júpiter, cansado de nuestras faltas, dijo un día desde su trono celestial:

—Poblemos con nuevos huéspedes el mundo, habitado por esa raza que me importuna y me molesta. Corre a los infiernos ¡oh, Mercurio!, y conduce a mi presencia a la más feroz de las tres furias. ¡Raza que amé demasiado, vas a perecer por fin!

Pero no tardó Júpiter en moderar su cólera.

¡Oh, reyes, a quienes el padre de los dioses hizo árbitros de nuestra suerte, dejen siempre el intervalo de una noche entre su enojo y la explosión que produce!

El dios de alas ligeras y dulce hablar fue en busca de las siniestras hermanas. No escogió a Mejera ni a Tisifone, prefirió a la implacable Alectona, a quien halagó tanto esta preferencia que juró por Plutón que toda la estirpe humana caería pronto bajo el dominio de las deidades infernales. No aprobó Júpiter este juramento de la Euménide, y la despidió, pero acto continuo, lanzó un rayo contra cierto pueblo pérfido y desleal. El rayo, guiado por la mano de quien, al fin y al cabo, era padre de aquellos mismos a quienes amenazaba, se contentó con asustarlos. No quemaron sus fuegos más que un desierto inhabitado; todo padre desvía el golpe cuando lo dirige a sus hijos. ¿Qué sucedió? La raza humana se salvó con aquella indulgencia; se quejó de ella todo el Olimpo, y el rey de las tempestades juró por la laguna Estigia que enviaría otras borrascas más formidables. Sonrieron los otros dioses y le dijeron que, como él era padre, valía más que confiara a alguno de ellos los futuros rayos. Se encargó de forjarlos Vulcano, y construyó en sus fraguas dos especies de saetas; unas dan siempre en el blanco, y son las que nos envía el Olimpo congregado; las otras se apartan de su curso y sólo hieren las crestas de los montes. Éstas son las que proceden de la mano del mismo Júpiter.

El halcón y el gallo capón

A veces nos llaman voces muy cariñosas, pero no hay que confiar en ellas; muchas veces acierta quien desconfía.

Cierto capón fue citado ante el tribunal del cocinero. Lo llamaban afectuosamente:

—¡Chiquitín!, ¡chiquitín! —pero él se hacía el sordo y echaba a correr.

Lo miraba un halcón, posado en su percha.

Por instinto o por experiencia los capones tienen muy poca confianza en nosotros.

El de nuestro cuento, que a duras penas pudo ser atrapado, debía ser servido al siguiente día en un banquete suntuoso, bien condimentado y dispuesto en un hermoso plato; honor al que de buen grado renunciara el medroso volátil. El ave cazadora le dijo:

—Me asombra tu menguado entendimiento. Son animales groseros los capones, sin educación y sin ingenio. Mírate en mí, voy a la caza, y después regreso a las manos del amo. Allí lo tienes, en la ventana, ¿no oyes cómo te llama? ¿Estás sordo?

—Lo oigo muy bien —contestó el capón—, pero ¿qué quiere de mí? ¿Te figuras que no veo al cocinero, armado con su cuchillo descomunal? ¿Volverías tú si te esperaran de ese modo? Deja que huya, no te rías de mi indocilidad, que me pone en guardia cuando me llaman con tanta cortesía. Si vieras poner todos los días en el asador tantos halcones como capones, no me criticarías.

El torrente y el río

Se despeñaba un torrente de los montes con ruidoso estruendo, todos huían de él, el horror seguía sus pasos, y temblaban en torno las campiñas. Ningún viajero se atrevía a franquear aquella barrera formidable; uno solo, amenazado por una banda de ladrones, puso por medio, para escapar de ellos, aquel amenazante raudal. Pero sus amenazas no eran más que ruido; el torrente no era profundo, y nuestro hombre no pasó más peligro que su miedo.

Le dio alas el buen éxito, y en esto, perseguido aún por los mismos ladrones, encontró a su paso un río, cuya corriente, imagen de un sueño tranquilo y pacífico, le hizo creer que vadearlo era la cosa más fácil del mundo. No eran escarpadas sus orillas, las cubría arena limpia y menuda. Entró en el agua, y su caballo lo puso a salvo de los bandidos, pero no de las pérfidas ondas; caballo y caballero, malos nadadores ambos, rodaron al fondo y fueron a parar a la laguna Estigia.

Cuídate de las personas calladas; las escandalosas no te den cuidado.

El torrente y el río

La educación

Dos perros hermanos, César y Bellaco, que venían de buena raza, habían tocado en suerte a diferentes dueños, y mientras uno recorría las selvas, el otro frecuentaba la cocina. Tuvieron al principio el mismo nombre de César, pero su diversa educación hizo que uno lo conservara con justicia. No así el otro, a quien un ayudante de cocina, al verlo tan encanallado, le apodó Bellaco. Su hermano, después de acometer y realizar nobles empresas, de perseguir ciervos y acorralar jabalíes, fue el primer César que conoció la raza perruna. Cuidaron mucho de que una compañera indigna de su rango no hiciera degenerar la sangre de sus hijos. Bellaco, desatendido, consagraba su amor a la primera perra que encontraba. Todo lo pobló su ruin estirpe. En todas partes hubo Bellacos, familia cobarde y perezosa, contraria de los Césares.

No todos siguen los ejemplos de padres y abuelos. La indolencia y el trascurso del tiempo hacen que todo degenere. Por no cultivar los dones naturales, ¡cuántos Césares hay que se convierten en Bellacos!

Los dos perros y el asno muerto

Las virtudes deberían ser hermanas, como son hermanos los vicios. En cuanto uno de ellos se apodera de nuestro corazón, vienen detrás todos los demás. Ninguno falta, a no ser los que, siendo contradictorios, no pueden habitar bajo un mismo techo. Respecto a las virtudes, rara vez se les ve a todas en un mismo sujeto. El valeroso suele ser de genio arrebatado; el prudente suele pecar de frío. Entre los animales, el perro se vanagloria de ser fiel a su dueño y cariñoso con él, pero en cambio es tonto y glotón. Buena prueba de ello son dos mastines que vieron a lo lejos un asno muerto flotando en las olas del mar. El viento lo alejaba de nuestros dos canes.

—Amigo —dijo uno—, tú ves mejor. Fíjate en aquello que se ve allá. ¿Es buey o caballo?

—¿Y qué importa que sea una u otra cosa? —le contestó—. Todo es carne. La dificultad está en atraparla, porque la distancia es grande, y hay que nadar contra la corriente. Bebamos toda esta agua; nuestras sedientas fauces le darán pronto fin. Aquel cuerpo quedará en seco, y tendremos provisiones para toda la semana.

Se pusieron a beber los dos perros, perdieron el aliento y después la vida, reventando miserablemente.

Así es el hombre. Cuando lo enardece el deseo, nada encuentra imposible. ¡Cuántos votos hace, cuánto tiempo pierde, afanándose por adquirir bienes o conquistar gloria! "¡Si pudiera redondear mis estados!", exclama uno. "¡Si pudiera llenar mis cofres de doblones!", piensa otro. Todo es como beber el mar, pero al hombre nada le basta. Para realizar los proyectos que forma cualquiera de nosotros, necesitaría cuatro vidas, y aún me parece que quedaría a mitad de camino. Cuatro Matusalenes, uno tras otro, no podrían hacer lo que un solo hombre imagina.

Los dos perros y el asno muerto

El lobo y el cazador

Afán de atesorar, monstruo voraz que miras como don insignificante todos los beneficios de los dioses, ¿te combatiré inútilmente en todas mis obras? ¿Por qué resistes tanto mis lecciones? El hombre sordo a mi voz, y a la voz de todos los sabios, ¿no dirá jamás: "ya tengo bastante, gocemos ahora?" Apresúrate, amigo, no te queda tanta vida como piensas. Insisto en esta palabra porque vale más que todo un libro: goza. "Ya gozaré". Pero ¿desde cuándo? "Desde mañana mismo". ¡Ay, amigo mío!, la muerte puede sorprenderte en la jornada. Goza desde hoy. Teme la suerte del cazador y el lobo de mi fábula.

El cazador había derribado un gamo, de un flechazo. Pasó un cervatillo y pronto fue a acompañar al difunto, los dos quedaron tendidos sobre la hierba. No era mala la presa, cualquier modesto cazador quedaría satisfecho, pero la idea de matar un jabalí, monstruo enorme y soberbio, tentó más al arquero, goloso de aquella caza. También murió el jabalí. La parca apenas podía cortar con las tijeras el áspero hilo de su vida, pero al fin cayó el cerdoso animal a fuerza de golpes. Estaba colmada la suerte del cazador; sin embargo, nada hay que llene el apetito del hombre. Cuando el jabalí comenzaba a reanimarse, vio el arquero una perdiz, que corría a lo largo de un surco. Pobre aumento daría a su caza el infeliz volátil, a pesar de ello tiende otra vez el arco. El jabalí, haciendo un último esfuerzo, lo acomete, hinca en él sus colmillos, y muere vengado sobre el cuerpo de su matador. La perdiz le da las gracias.

Esta parte de la fábula es para los que nunca ven saciado su deseo. El resto atañe a los avaros.

Un lobo, que pasaba por allí, vio aquel cuadro lastimoso.

—¡Oh, Fortuna! —exclamó—, te prometo un templo. ¡Cuatro cuerpos inanimados! ¡Qué felicidad! Pero conviene conservar estas provisiones, no todos los días hay estos hallazgos (esta es la excusa eterna de los avaros). Tendré repuesto para un mes bien cumplido. ¡Uno, dos, tres y cuatro cuerpos! Hay para cuatro semanas, si no cuento mal. Comenzaré de aquí a dos días, y mientras tanto comeré la cuerda del arco. Está hecha de excelente tripa, lo atestigua el olorcillo.

Diciendo esto, se arroja sobre el arco, que se dispara y produce una nueva víctima. La flecha se le clava al lobo en las entrañas.

Vuelvo a mi texto. El hombre debe gozar los bienes de la vida; si no lo hace, sufrirá la suerte de estos dos glotones, que se perdieron igualmente, uno por codicioso y el otro por avariento.

El lobo y el cazador

Los dos pichones

Se querían tiernamente dos pichones, pero uno de ellos se aburría en casa y tuvo la insensata ocurrencia de hacer un largo viaje. Le dijo el compañero:

—¿Qué vas a hacer? ¿Quieres dejar a tu hermano? La ausencia es el mayor de los males, pero no lo es sin duda para ti, a no ser que los trabajos, los peligros y las molestias del viaje te hagan cambiar de propósito. ¡Si estuviera más adelantada la estación! Espera las brisas primaverales, ¿qué prisa tienes? Ahora mismo un cuervo pronosticaba desgracias a alguna ave desventurada. Si te marchas, estaré siempre pensando en funestos encuentros, en halcones y en redes. Si está lloviendo diré: "¿tendrá mi hermano buen albergue y buena cena?"

Este discurso conmovió el corazón del imprudente viajero, pero el afán de conocer y el espíritu aventurero prevalecieron por fin.

—No llores —dijo—; con tres días de viaje quedaré satisfecho. Regresaré en seguida a contarte, punto por punto, mis aventuras, y te divertiré con mi relato. Quien nada ha visto, de nada puede hablar. Ya verás cómo te gusta la narración de mi viaje. Te diré: "Estuve allí y me pasó tal cosa". Te parecerá, al oirme, que has estado tú también.

Hablaron así y se despidieron llorando. Se alejó el viajero, y al poco rato un chubasco lo obligó a buscar abrigo. No encontró más que un árbol, y de tan poco follaje, que el pobre pichón quedó calado hasta los huesos. Cuando pasó la borrasca se secó como pudo, divisó en un campo cercano granos de trigo esparcidos por el suelo y junto a ellos otro pichón. Se le avivó el apetito, se acercó y quedó preso; el trigo era cebo de traidoras redes. Éstas eran viejas y estaban tan gastadas, que trabajando con las alas, el pico y las patas, pudo romperlas el cautivo, dejando en ellas algunas plumas; pero lo peor del caso fue que un buitre de rapaces garras, vio al pobre volátil, que arrastrando la destrozada red parecía un preso que huía del presidio. Ya se arrojaba el buitre sobre él, cuando súbitamente cayó desde las nubes un águila con las alas extendidas. El pichón aprovechó el conflicto entre aquellos dos bandoleros, echó a volar y se refugió en una granja, pensando que allí acabarían sus desventuras. Pero un muchacho malvado (esta edad no tiene entrañas) hizo voltear la honda, y de una pedrada dejó medio muerto al desdichado, que maldiciendo su curiosidad, arrastrando las alas y las patas, se dirigió cojeando y sin aliento hacia el palomar, adonde llegó al fin como pudo sin nuevos contratiempos. Juntos al cabo los dos amigos, queda a juicio del lector considerar cuán grande fue su alegría después de tantos apuros.

Los dos pichones

El loco vendiendo sabiduría

Huyan siempre de los locos, es el mejor consejo que puedo darles. Abundan en la corte y suelen gustar de ellos los príncipes, porque asestan sus tiros a los bribones, los necios y los majaderos.

Un loco iba gritando por calles y plazuelas que vendía sabiduría, y muchos crédulos corrían a comprarla. Les hacía extrañas gesticulaciones, y después de sacarles el dinero, los obsequiaba con un tremendo bofetón y un cordel de dos brazas de largo. La mayor parte de los engañados se enojaba, pero ¿de qué les servía? Quedaban burlados doblemente; lo mejor era tomarlo a risa o marcharse sin abrir la boca con el cordel y la bofetada. Buscar a aquello algún sentido hubiera sido hacerse silbar como solemnes mentecatos. ¿Qué razón explica los actos de un loco? El azar es la causa de todo lo que pasa en una cabeza trastornada. Pero, cavilando sobre el bofetón y el cordel, uno de los burlados fue a buscar a cierto sabio varón, que sin vacilar le contestó:

—El cordel y la bofetada son preciosos jeroglíficos; toda persona que piense debe mantenerse apartada de los locos la longitud de este cordel, y si no lo hace así, se expone a recibir algún golpe. No los engañó el loco, sí vende sabiduría.

El loco vendiendo sabiduría

La ostra y los litigantes

Dos peregrinos encontraron un día en la arena de la playa una ostra que acababan de traer las olas; la devoraban con los ojos, se la señalaron con el dedo, pero al tratar de los dientes, tuvieron que disputársela. Ya bajaba uno para tomarla, cuando el otro le dio un empellón, diciendo:

—Vamos a ver a quién le corresponde. El primero que la haya visto, se la comerá; el otro, lo mirará.

—Si eso vale —contestó el compañero—, yo tengo muy buena vista, gracias a Dios.

—La mía tampoco es mala —replicó el primero—, y te digo que he divisado la ostra antes que tú.

—Pues bien, si la has divisado, yo la he olido.

Estaban en estos dimes y diretes, cuando llegó el señor don Picapleitos, y lo tomaron por juez, don Picapleitos abrió la ostra muy serio y se la comió, en las barbas de los litigantes. Y después de haberla saboreado, dijo con tono de presidente de sala:

—Tomen, el tribunal les adjudica a cada uno de ustedes una de las conchas, sin expreso pago de costas; vayan en paz.

Consideren lo que cuestan hoy los litigios y calculen lo que les queda libre de cargos a las partes, se darán cuenta cómo don Picapleitos se queda con todo el grano y sólo deja la paja a los litigantes.

La ostra y los litigantes

Júpiter y el viajero

¡Cuánto enriquecerían a los dioses los peligros si nos acordáramos de las promesas que en ellos hicimos! Pero, pasado el apuro, nadie vuelve a pensar en lo ofrecido al cielo; sólo nos fijamos en lo que debemos en la tierra. "Júpiter, dice el impío, es un acreedor tolerante; jamás nos envía al cobrador". ¿Qué más cobrador que el trueno? ¿Qué nombre dan a esas advertencias?

Sorprendido por la tormenta, un navegante ofreció cien bueyes al vencedor de los titanes. El caso era que no tenía un solo buey, y lo mismo le hubiera costado prometer cien elefantes. Cuando estuvo en la playa, se puso a quemar algunos huesos, y el humo subió a las narices de Júpiter.

—Señor dios —le dijo—, acepta mi promesa; perfume de buey sacrificado respira tu sacra majestad. El humo es la parte que te corresponde, no te debo otra cosa.

Júpiter hizo como que reía, pero pocos días después, tomó la revancha, enviándole un sueño para revelarle que en cierto lugar había un tesoro escondido. Nuestro hombre corrió a buscarlo y se encontró con unos ladrones, y al no tener en la bolsa más que un escudo, les prometió cien talentos de oro, bien contados, del tesoro que buscaba y que estaba en tal punto escondido. Les pareció sospechoso el sitio a los bandidos, y uno de ellos le dijo:

—Estás burlándote de nosotros, amiguito; muere y llévale a Plutón tus cien talentos.

Júpiter y el viajero

El gato y la zorra

El gato y la zorra, como si fueran dos santos, iban a peregrinar. Eran dos hipócritas solemnes, que se indemnizaban bien de los gastos de viaje, matando gallinas y robando quesos. El camino era largo y aburrido; discutieron sobre el modo de acortarlo. Discutir es un gran recurso; sin él nos dormiríamos siempre. Debatieron largo tiempo y después hablaron del prójimo. Por fin dijo la zorra al gato:

—Pretendes ser muy sagaz y no sabes tanto como yo. Tengo un saco lleno de trampas y trucos.

—Pues yo no llevo en mis alforjas más que una, pero vale por mil.

Y regresan a la discusión. Que sí y que no; estaban dale que dale, cuando una jauría dio fin a su contienda. Dijo el gato a la zorra:

—Busca en tu saco y en tu astuto pensamiento una salida segura; yo ya la tengo.

Y diciendo esto se encaramó fácilmente en el árbol más cercano. La zorra dio mil vueltas y revueltas, todas inútiles; se metió en cien rincones, escapó cien veces a los valientes canes, probó todos los asilos imaginables y en ninguna madriguera encontró refugio; el humo la hizo salir de todas ellas, y dos ágiles perros la estrangularon al último.

Se pierde a veces un negocio por sobra de expedientes y recursos; se malgasta el tiempo buscando cuál es el mejor, probando esto, lo otro y lo de más allá.

Es mejor tener un solo recurso, pero bueno.

El gato y la zorra

El mono y el gato

Perico y Micifus, uno mono y otro gato, tenían un mismo dueño y vivían juntos. ¡Buena pareja de bichos maléficos! A nadie temían aquellos buenos sujetos. Si en la casa faltaba algo, o estaba roto y destruido, a nadie echaban la culpa más que a Perico. Micifus, por su parte, pensaba menos en perseguir ratas que en atrapar alguna pieza de queso.

Cierto día, junto al fogón, miraban asar castañas aquellos dos bribones rematados, y malignamente pensaban en emprender algo que fuera a la vez provecho propio y daño ajeno. Perico dijo a Micifus:

—Hermano mío, tienes que hacer hoy una de las tuyas. Si Dios me hubiera dado habilidad para sacar las castañas del fuego ya serían mías.

Dicho y hecho; Micifus, con su patita, suave y mañosamente, aparta un poco la ceniza y retira los dedos, después los acerca una y otra vez; saca una castaña, y otra, y otra; y Perico las descascara y se las va comiendo. Llega en esto una doméstica y los dos amigos escapan corriendo. Micifus, según parecía, no iba muy satisfecho.

Tampoco suelen estarlo aquellos mandatarios que, halagados por semejante empleo, van a países extraños a sacar las castañas del fuego en provecho de otro.

El mono y el gato

El milano y el ruiseñor

Después que un milano, ladrón declarado, difundió la alarma por todos los alrededores, alborotando contra él a cuantos muchachos había en el lugar, un ruiseñor tuvo la mala suerte de caer en sus garras. Le pidió la vida el mensajero de la primavera:

—¿Qué hay que comer en una avecilla que sólo tiene el canto? Escucha mis canciones; te contaré la pasión de Tereo.

—¿De quién, de Tereo? ¿Es buena comida para milanos?

—No. Tereo era un rey, cuyo amor apasionado encendió en mi pecho una llama criminal; ya verás que canción tan bonita. A todos les gusta, y es seguro que te encantará.

—¿Cuando estoy en ayunas vienes a hablarme de canciones? —replicó el milano.

—De canciones hablo a los reyes.

—Pues cuando te agarre algún rey, cuéntale esas historias. El milano siempre se reirá de ellas. Estómago vacío no tiene oídos.

Los dos ratones, el zorro y el huevo

Dos ratones se buscaban la vida y encontraron un huevo. Aquello era suficiente comida para animales tan pequeños; no necesitaban un buey para su banquete. Con tanta alegría como apetito, iban a comerse el huevo entre los dos, cuando se presentó un tercero, el zorro, encuentro inoportuno, porque ¿cómo salvar el huevo? Empaquetarlo bien, llevarlo en el aire con las patitas delanteras o hacerlo rodar, o arrastrarlo, eran recursos tan difíciles como peligrosos. La necesidad, siempre ingeniosa, les inspiró otra idea. Como aún tenían tiempo de llegar a su guarida, porque divisaron al merodeador a medio cuarto de legua, uno de los dos ratones se echó sobre el lomo y tomó el huevo entre sus cuatro patas, y el otro lo arrastró de la cola. De este modo, con algunos tropiezos y golpes, lograron su intento.

Que me digan, después de conocer esto, que los animales no tienen ideas.

Los dos ratones, el zorro y el huevo

Los peces y el cormorán

En varias leguas a la redonda no había estanque que no pusiera a contribución un cormorán. Hasta los viveros y los depósitos le pagaban tributo. Iba muy bien su alimentación, pero cuando los años debilitaron al pobre animal, comenzó a resentirse la provisión, porque han de saber los lectores que el cormorán siempre es su propio abastecedor. El de nuestra fábula, demasiado viejo ya para ver el fondo del agua, y desprovisto de anzuelos y redes, padecía un hambre terrible. ¿Qué hizo? La necesidad, sabia en recursos, le inspiró lo que voy a relatar.

A la orilla del estanque vio un cangrejo y le dijo:

—Amigo, ve de inmediato y anuncia al pueblo acuático que va a perecer, porque el dueño del estanque ha decidido venir a pescar dentro de ocho días.

El cangrejo marchó presuroso a dar el aviso. Se armó gran alboroto entre los peces, fueron y vinieron, se congregaron al fin y fueron a preguntar al ave rapaz:

—Señor cormorán, ¿de dónde sabes la noticia? ¿Quién responde por ella? ¿Estás seguro de lo que dices? ¿Conoces algún remedio para el mal que nos amenaza? ¿Qué podemos hacer?

—Cambiar de albergue —contestó.

—¿Cómo lo haríamos?

—No se preocupen, yo los llevaré a todos, uno tras otro, a mi casa. Sólo Dios y yo sabemos el camino. No hay asilo más oculto. Un vivero que excavó la naturaleza con sus propias manos, ignorado de la traidora raza humana, salvará a su pueblo.

Le creyeron. Los habitantes del estanque, uno ahora y otro después, fueron conducidos bajo aquella roca poco frecuentada. Allí el cormorán, buen apóstol, los puso en un lugar angosto y poco profundo, lleno de agua trasparente, donde uno a uno los iba cogiendo fácilmente, y les enseñó a sus expensas que no debemos tener confianza en aquellos que nos devoran. Sin embargo, no perdieron mucho, porque de todas maneras hubieran acabado con ellos los pescadores. Así que da lo mismo ser comido por un hombre o por un lobo, y un día más o menos importa poco en este asunto.

Los peces y el cormorán

El pastor y el rey

Dos demonios se dividen nuestra vida y sacan de ella a la razón. No hay corazón que a ellos no se rinda; si me preguntan quiénes son, les diré que uno es el amor y el otro la ambición. Ésta extiende más su imperio, puesto que penetra en el mismo amor. Me sería fácil probarlo, pero ahora tengo que hablar de un rey que llamó a su corte a un pastor. Es una historia de los buenos tiempos de antes, no de nuestros días.

Aquel rey vio un rebaño extendido por la campiña, de animales bien criados y mantenidos, que gracias al cuidado del pastor, todos los años le rendían buen provecho. El rey se prendó del pastor por aquel diligente gobierno del rebaño, y le dijo:

—Mereces ser pastor de los pueblos. Deja los carneros y conduce a los hombres; te hago su juez soberano.

Y miren ahí al pastor con la balanza de la justicia en la mano. Aunque en toda su vida no había visto más que a un ermitaño, a su ganado, a sus mastines y a los lobos, tenía buen sentido; lo demás se adquiere con el tiempo, y él no tardó en adquirirlo.

El ermitaño, su antiguo vecino, acudió para decirle:

—¿Estoy despierto o soñando? ¡Tú, favorito del rey! ¡Tú, grande y poderoso! Desconfía de los reyes, su favor es resbaladizo, está muy dispuesto a engaños, y lo peor es que esos engaños cuestan muy caro y producen siempre grandes catástrofes. No conoces bien el cebo que te arrastra; te lo digo como amigo: témelo todo.

El pastor se rió del aviso, y prosiguió el ermitaño:

—La corte ya te perturba la mente; me parece ver a aquel ciego a quien le vino a la mano, en un viaje, una culebra entumecida por el frío; la tomó por un látigo; precisamente había perdido el suyo. Daba gracias a Dios por el oportuno hallazgo, cuando le dijo uno que pasaba: "¿Qué tienes en la mano? ¡Santo Dios! ¡Arroja ese animal traidor y dañino; arroja esa culebra!" El ciego contestó: "Es un látigo". El otro replicó: "Te digo que es una culebra; ¿acaso tengo algún interés en importunarte? Guarda, si quieres, ese tesoro". Entonces el ciego dijo: "Sí lo haré; mi látigo estaba usado; hallé uno nuevecito; es envidia lo que tienes". El ciego, en fin, no le creyó y le costó la vida, porque la culebra le picó en el brazo. A ti, ya verás, te pasará algo peor.

—¿Qué me puede pasar peor que la muerte?

—Mil disgustos y aflicciones —replicó el profeta.

Y los tuvo, en verdad no se engañó el ermitaño. La peste de la intriga cortesana trabajó tanto, que la probidad del juez, lo mismo que su pericia, se hicieron sospechosas al monarca. Le armaron tretas los acusadores y enemigos agraviados por sus sentencias. "Con nuestro dinero ha hecho un palacio", decían. Quiso ver el monarca aquellas riquezas; sólo halló en su casa una modesta medianía, elogios de la soledad y la pobreza; aquel era su lujo y esplendor. "Tiene su caudal en pedrería; un gran arcón está repleto y cerrado con diez llaves y cerrojos", murmuraban. Se abrió el arcón; sólo había en él harapos; la vestimenta de un pastor y sus instrumentos.

—¡Grato y amable tesoro; prendas queridas que nunca suscitaron envidia ni engaño! —exclamó—. Las vuelvo a tomar. ¡Salgamos de este magnífico palacio, como si despertáramos de un sueño! Perdona, Señor, este arrebato; al subir a la cima, había previsto el derrumbamiento; me lisonjeó mucho mi encumbramiento, pero ¿quién no tiene, allá dentro, un poco de ambición?

El pastor y el rey

La leona y la osa

Una leona había perdido a su cachorro; se lo robó un cazador. La pobre madre lanzaba tales rugidos, que retumbaba todo el bosque. La noche, con su oscuridad y silencio, no detenía los alaridos de la reina. Ninguno de los animales que vivía cerca podía dormir tranquilo. Por fin, la osa le dijo:

—Comadre, una palabrita nada más: todos los hijos que han caído en tus fauces, ¿no tenían también padre y madre?

—Sí los tenían.

—Pues si es así, y nadie nos ha quebrado la cabeza por su muerte; si tantas madres han callado, ¿por qué no te callas también?

—¡Callar yo, tan desdichada! ¡Yo que he perdido a mi hijo! ¡Qué vejez tan triste me espera!

—¿Y quién te obliga a pasar tan triste vejez?

—El destino que me persigue.

Estas palabras siempre han estado en los labios de todo el mundo.

Los peces y el pastor que tocaba el rabel

Tirsis, que sólo para Amarilis hacía resonar los dulces acordes de un rabel, capaz de resucitar a los muertos, cantaba a orillas de un arroyo que regaba verdes praderas habitadas por el viento suave. Amarilis pescaba con anzuelo, pero no se acercaba ningún pez. Perdía el tiempo lastimosamente la pastora. El pastor, que con sus canciones hubiera atraído a las desdeñosas, creyó que también atraería a los peces, pero se equivocó. Les cantó de este modo:

"Huéspedes de esas aguas, dejen a la ninfa en su profunda gruta, vengan a ver a una criatura mucho más encantadora. No teman quedar prisioneros de la hermosa; tan sólo para nosotros es cruel. Serán tratados con cariño; no les quitará la vida; un vivero los aguarda, más limpio que el cristal, y aun cuando para algunos de ustedes fuera fatal el cebo, morir a manos de Amarilis es suerte que yo mismo envidio".

No hizo gran efecto esta elocuente canción. El auditorio era tan sordo como mudo; lo que hizo Tirsis fue predicar en desierto. Luego que el viento se llevó sus palabras melosas, el pastor echó al agua una larga red; al instante quedaron los peces prisioneros y los vio a sus plantas la pastora.

Reyes, pastores de hombres y no de ovejas, si creen ganar con buenas razones los ánimos de extraña multitud, aprendan que de esa manera no se logra nada. Hay que recurrir a otros medios; tiendan la red, la fuerza lo puede todo.

Los peces y el pastor que tocaba el rabel

Los dos aventureros y el talismán

No guían hacia la gloria caminos llenos de flores; me bastan como ejemplos Hércules y sus trabajos. Este dios apenas ha tenido rivales; encuentro pocos en las fábulas mitológicas y aún menos en la historia. Pero voy a citar uno, a quien viejos talismanes hicieron buscar fortuna en el país de la fantasía. Iba de viaje con un compañero, y encontraron un poste con este aviso: "Señor aventurero, si tienta tu deseo ver lo que no vio ningún caballero andante, sólo tienes que cruzar ese barranco, tomar en tus brazos a un elefante de piedra que verás tendido en tierra y llevarlo de una corrida a la cumbre de aquella montaña, que amenaza a los cielos con su soberbia frente". Uno de los dos caballeros se amedrentó.

—El raudal del barranco es rápido y profundo —dijo—, y aun suponiendo que pueda pasar a la otra parte, ¿para qué cargar con el elefante? ¡Qué hazaña tan ridícula! Será tal carga esa, que podrá soportarse por tres o cuatro pasos, pero llevarla hasta la cúspide del monte de una sola corrida, ha de ser trabajo superior a las fuerzas del hombre, a menos que se trate de un elefantito tan pequeño, que sólo sea propio para puño de un bastón, en cuyo caso, ¿qué honor puede dar tal aventura? Quieren embaucarnos con ese aviso; será algún enigma para engañar muchachos. Por mi parte, te dejo con tu elefante.

Se fue el argumentador, y el otro aventurero se lanzó al agua sin pensarlo más. Ni la profundidad ni la violencia de la corriente lo detuvieron; llegó a la otra orilla y vio al elefante tendido, según estaba escrito. Lo tomó en brazos, corrió con él y llegó a lo alto de la montaña, donde encontró una vasta explanada y después una ciudad. El elefante lanzó un grito, y la ciudad se tomó las armas. Cualquier otro aventurero, al ver aquello, hubiera huido, pero el nuestro, lejos de volver la espalda, quiso al menos vender cara su vida y morir como héroe. Pero ¡oh, sorpresa! Aquel pueblo lo proclamó rey, en reemplazo de su difunto monarca; y él no se hizo mucho de rogar, aunque la carga le parecía algo pesada, o por lo menos así lo dijo.

Lo mismo decía Sixto V cuando lo hicieron Papa, como si el ser rey o pontífice fuera cosa regular, y pronto pudo reconocerse la sinceridad de sus excusas.

La fortuna es ciega y va detrás del valor ciego; hace bien el cuerdo en actuar algunas veces sin dar tiempo a la cordura para estudiar la empresa que acomete.

Los dos aventureros y el talismán

Los conejos

Muchas veces pensé, al ver el proceder del hombre, que a menudo se comporta igual que los animales. El rey de ellos no tiene menos defectos que sus súbditos. La naturaleza puso en cada criatura alguna partícula de una materia de que se nutren los espíritus. Hablo de los espíritus corporales. Voy a probarlo.

A la hora del acecho, cuando la luz diurna se oculta en las líquidas mansiones, o cuando el sol emprende su carrera, y sin ser de noche no es de día aún, me subo en algún árbol, al borde de la selva, y convertido en nuevo Júpiter, lanzo el rayo desde aquel Olimpo sobre un conejo, muy ajeno a tal desventura. En el acto veo huir a todos los conejos, que entre la verde maleza, con ojo avizor y oído vigilante, se solazaba perfumando con tomillo su banquete. El estampido del tiro hace esconder a todos en la ciudad subterránea, pero pronto olvidan el peligro; se disipa aquel pánico y veo a los conejos otra vez al alcance de mis fuegos.

¿No hacen lo mismo los hombres? Dispersos por cualquier borrasca, en cuanto llegan al puerto, corren de nuevo a enfrentar el mismo temporal, el mismo naufragio, como si fueran conejos, se ponen una y otra vez a tiro. Agreguemos a este ejemplo otro caso muy común.

Cuando un perro forastero pasa por un lugar, ¡qué alboroto se arma! Los perros de aquel sitio, atentos nada más al interés de sus mandíbulas, persiguen a ladridos y dentelladas al intruso, y lo escoltan hasta los límites de su territorio. En interés de la comunidad, de la grandeza y la gloria, hacen lo mismo magnates, cortesanos y personas de todas clases y profesiones. Nada más frecuente que arrojarse sobre el recién llegado y desollarlo vivo. Así proceden el escritor y la coqueta. ¡Ay del autor novel! Cuantos menos comensales haya en la mesa, mejor. Podría remachar con cien ejemplos mi argumento, pero las obras más cortas son las mejores. Tengo en esto por guías a todos los maestros en el arte, y además, conviene dejar algo que pensar, hasta en los asuntos más interesantes.

Los conejos

El león

El leopardo, como sultán, en otros tiempos tenía de tributo muchos bueyes en sus praderas, muchos ciervos en sus bosques, y muchos carneros en el llano. Un león nació en la selva vecina. Después de unos cumplimientos, como se acostumbra entre los grandes, el sultán llamó a su visir el zorro, que era experimentado y hábil político.

—Tienes miedo a ese leoncito —le dijo—, pero su padre ha muerto; ¿qué puede hacer? Más bien compadece a ese pobre huérfano. Tiene mucho que hacer en su propia casa, y tendrá que dar muchas gracias a Dios si conserva lo suyo, sin emprender alguna conquista.

El zorro, moviendo la cabeza, le contestó:

—De tales huérfanos, señor, nunca tuve lástima; hay que cultivar la amistad de éste, o acabar con él antes de que le crezcan las uñas y los colmillos, poniéndolo en disposición de lastimarnos. No pierdas momento. Hice su horóscopo: se engrandecerá en la guerra; no habrá mejor león para sus amigos; procura serlo; y en otro caso, esfuérzate en destruirlo.

No surtió efecto aquella arenga; se durmió el sultán, y en sus dominios se durmieron todos, hasta que por fin se convirtió en león el leoncito. Sonó a rebato la campana, cundió la alarma por todas partes, y consultado el visir, dijo suspirando:

—¿Por qué irritar al león? El mal no tiene remedio; en vano llamamos a más animales en nuestra ayuda; cuantos más vienen, más cuesta; no los considero buenos más que para comer su ración de carnero. Hay que calmar al león, pues por sí solo vale más que toda esa chusma de aliados que viven a nuestras expensas. El león tiene tres aliados que nada le cuestan: valor, fuerza y vigilancia. Échenle a las garras un carnero; si no le satisface, échenle otro; agreguen algún becerro; busquen para este presente lo mejor de los rebaños; de este modo salvarán a los demás.

No gustó el consejo, y el resultado fue malísimo. Sufrieron las consecuencias muchos estados vecinos del sultán; nadie ganó, todos perdieron, pues por más que se esforzaron, el león se adueñó de todo.

Traten de tener al león como amigo, si es que lo dejan crecer.

El león

El labriego del Danubio

No hay que juzgar a las personas por las apariencias. Éste es buen consejo, aunque no nuevo. El engaño de un ratoncillo me sirvió para probarlo; ahora he de alegar, para ratificarlo, el testimonio de Sócrates, de Esopo y de un labriego de las riberas del Danubio, de quien nos hizo exacto retrato Marco Aurelio. Bien conocidos son los primeros; en cuanto al último, he aquí su imagen abreviada.

Poblaban su barba espesos rizos, y todo su cuerpo era tan velludo que parecía un oso; sus ojos se ocultaban bajo salientes cejas; tenía la vista atravesada, la nariz torcida y los labios gruesos; llevaba un sayo de pelo de cabra y un ceñidor de juncos marinos. Este hombre tan tosco fue mensajero de las ciudades que baña el Danubio; no había entonces país alguno en que no penetrara y pusiera las manos la avaricia del pueblo romano. Vino entonces el mensajero, he hizo esta arenga:

"¡Oh, romanos! ¡Oh, ilustre Senado que me escuchas! Suplico, ante todo, a los dioses que me auxilien; ¡quiera el cielo que no salga de mis labios nada que deba retirar! Sin su ayuda, no penetra en nuestro espíritu más que el mal y la injusticia; por no recurrir a ellos, son violadas las leyes. Buenos testigos somos nosotros, castigados por la codicia romana; más por nuestros crímenes que por sus hazañas Roma es el instrumento de nuestro suplicio. Teman, teman, ¡oh, romanos!, que el cielo lleve un día a sus hogares las lágrimas y las miserias, y poniendo en nuestra diestra, con justificadas formas, el arma de su severa venganza, los haga esclavos nuestros. ¿Por qué lo somos ahora de Roma? Díganme: ¿en qué valen ustedes más que otros tantos pueblos como existen? ¿Cuál es el derecho que los hizo dueños del mundo? ¿Por qué vinieron a turbar nuestra existericia inocente? Cultivábamos en paz nuestros campos venturosos, y nuestras manos eran aptas lo mismo para las artes que para la labranza. ¿Qué es lo que han enseñado a los germanos? Son fuertes y diestros; si hubieran sido codiciosos y violentos como ustedes, quizá le ganarían en poderío, y sabrían ejercerlo sin crueldad. La de sus pretores para con nosotros, apenas puede concebirse, y hasta es una ofensa a la majestad de sus altares. Sepan que los dioses tienen puestos los ojos en nosotros. Gracias a sus ejemplos, sólo tienen presentes objetos de horror, de menosprecio para ellos y para sus templos, de avaricia que llega hasta el furor. Nada basta a los codiciosos que nos envían; ni la tierra ni el trabajo del hombre pueden producir bastante para saciarlos. Retírenlos; no queremos cultivar los campos para ellos. Abandonamos las poblaciones, huímos a las montañas, dejamos a nuestras queridas compañeras, sólo conversamos con los osos espantables, cansados de dar aliento y vida a seres desdichados y de poblar para Roma países que oprime y tiraniza. Y en cuanto a nuestros hijos ya nacidos, nada más les deseamos que se acorten sus días, que de esta manera unen en nosotros sus pretores el crimen al infortunio. Retírenlos, les digo; no han de enseñarnos más que flaquezas y vicios; los Germanos se dedicarán, como ellos, a la rapiña y la avaricia; esto es lo único que he visto en Roma desde que puse un pie en ella. Nada se obtiene aquí si no median regalos. Sin ellos, no busquen el amparo de la ley, cuyo ministerio, por otra parte, es siempre tardo y perezoso. Este discurso es áspero, y comenzará a disgustarles. Hago punto, pues. Castiguen con la muerte estas quejas tan francas".

Así terminó, y se echó al suelo; todos, asombrados, admiraron el ánimo valeroso, el buen sentido y la elocuencia del salvaje consternado. Lo hicieron patricio; ese fue el castigo de que lo juzgaron merecedor por su discurso. Nombraron otros pretores, y el Senado hizo consignar por escrito lo que habló, para que sirviera de modelo a los oradores venideros. Pero Roma no supo conservar por mucho tiempo aquella elocuencia.

El labriego del Danubio

El anciano y los tres mozalbetes

Un anciano octogenario plantaba árboles.

—Edificar a esa edad, puede pasar, pero, ¡plantar árboles! —decían tres mozalbetes vecinos—; sin duda chochea. Porque, díganos: ¿qué fruto podrá sacar de ese trabajo? Tendría que vivir más que un patriarca. ¿Por qué afanarse para un porvenir que no habrá de gozar? No piense más que en los errores pasados; renuncie a las esperanzas lejanas y a las empresas ambiciosas; esto sólo es bueno para nosotros.

—Ni para ustedes tampoco —contestó el viejo—. Todo lo que proyectamos tarda en realizarse y dura poco. Las pálidas parcas juegan lo mismo con sus días que con los míos. Igualmente breves son nuestras vidas. ¿Quién de nosotros será el último que goce la luz del día? ¿Podemos contar siempre con un solo minuto? Mis biznietos y tataranietos me deberán esta sombra; ¿no permitirán al hombre honrado afanarse por el bien ajeno? Esta satisfacción es un fruto que tomo y saboreo hoy mismo, y que saborearé mañana, y algunos días más, porque es posible que vea nacer muchas auroras sobre la sepultura de ustedes.

El anciano tenía razón. Uno de los tres mozalbetes se ahogó en el puerto, cuando iba hacia América; otro, ansioso de alcanzar los primeros puestos sirviendo a la patria con las armas, sucumbió ante un golpe imprevisto; el tercero se cayó de un árbol que quiso injertar; y el viejo, después de llorar su muerte, grabó en la losa funeraria lo que dejo brevemente referido.

El anciano y los tres mozalbetes

Los ratones y el búho

Nunca digan: "Escuchen este chiste; oigan este caso portentoso". ¿Quién sabe si a los presentes les caerá en gracia? Pero esto no reza con lo que voy a contarles; es cosa extraordinaria y estupenda, y aunque parece fábula, es verdad.

Derribaron un pino muy viejo que era el albergue lóbrego de un búho, y del ave siniestra que Atropos escogió para intérprete y mensajera. En su tronco cavernoso y carcomido por el tiempo, se ocultaban, entre otros habitantes, muchos ratones rechonchos de grasa y sin patas. El búho los cebaba con montones de trigo y a picotazos los había mutilado. Aquel ave discurría, hay que confesarlo. Su compañero había cazado los ratones, y los primeros que atrapó se escaparon del encierro. Para impedirlo, el bribón mutiló a todos los que agarró después, y privándolos de las patas, pudo comerlos cómodamente, hoy uno y mañana otro. Comerlos todos de una vez no era posible, y le hubiera caído mal el atracón; su previsión fue tan exquisita como puede ser la nuestra; llegaba hasta a procurarles víveres para mantenerlos.

¿Sostendrán los cortesanos, en vista de este ejemplo, que aquel búho no era más que un reloj y una máquina? ¿Qué mecanismo podía inspirarle el consejo de encerrar de tal modo a los ratones e imposibilitarlos para que se fugaran? Si esto no es discurrir, no entiendo lo que es discurso.

Fíjense en su razonamiento. "Cuando atrapo a estos animales, se escapan. Entonces, ¿debo comérmelos en cuanto los atrapo? ¿Puedo engullirlos todos? No puedo. ¿Y no conviene también guardar parte de la presa para mañana? No hay más remedio que alimentarlos sin que se escapen. ¿Cómo? Cortándoles las patas". Díganme si los hombres lo hubieran ideado mejor. ¿En qué supera la lógica de Aristóteles a la del búho?

Los ratones y el búho

Ulises y sus compañeros

Ulises y sus compañeros, después de diez años de zozobra, navegaban todavía, dudosos de su suerte y a merced de los vientos, cuando llegaron a una playa, donde la hija del sol, la hermosa Circe, tenía entonces su corte. Les dio una bebida deliciosa, pero emponzoñada. Perdieron en seguida la razón, y a los pocos momentos cada uno tomó la figura de distinto animal; unos fueron convertidos en osos, otros en leones y elefantes; y mientras algunos adquirían enorme corpulencia, otros se reducían a la pequeñez de un ratoncillo. Solamente Ulises se salvó, porque desconfió de la engañosa pócima. Y como unía a su prudencia el aspecto de un héroe y el trato más agradable, dio a la hechicera una bebida casi tan mortífera como la suya. No pueden ocultar las diosas lo que siente su alma, y Circe declaró a Ulises su pasión. El caudillo griego era demasiado sagaz para perder tan buena compañera, y arrancó a la mujer la promesa de devolver a los compañeros su figura.

—Pero ¿querrán recobrarla? —preguntó ella—; pregúntales.

Corrió Ulises y dijo a sus compañeros:

—La pócima tiene remedio, y vengo a proporcionárselos. ¿Quieren ser hombres otra vez, amigos míos? Desde luego, se les concede la palabra.

Habló el león, creyendo rugir:

—No soy tan tonto; ¡renunciar a los dones que he adquirido! Tengo garras y colmillos, y destrozo a quien me ataca. Soy rey. ¿Y he de querer convertirme en simple ciudadano de Itaca, en soldado raso probablemente? No acepto el cambio.

Se dirigió Ulises entonces al oso:

—¡Qué cambiado te veo, amigo! ¡Tan gallardo que te vi!

—Sí, es verdad, contestó el oso como pudo; aquí me tienes, hecho lo que soy, un oso. ¿Quién te ha dicho que una figura es mejor que otra? ¿Te atañe acaso juzgar la nuestra? A quien he de gustar yo es a la osa de la que estoy prendado. ¿Te parezco mal? Pues vuelve la espalda, sigue tu camino y déjame en paz. Vivo libre y contento, sin afanes ni cuidados, y te digo sin rodeos que no quiero cambiar de estado.

El príncipe griego fue a proponer el trueque al lobo, y le dijo, a riesgo de otra negativa:

—Me aflige, compañero, que una pastora joven y bonita se lamente de que hayas devorado sus carneros. En otro tiempo, hubieras defendido y salvado la manada; llevabas entonces mejor vida. Deja estos bosques, y que se convierta el lobo en hombre de bien.

—No te entiendo —contestó el lobo—; me tratas de fiera carnívora, y ¿qué eres tú? Si no fuera por mí, ¿no hubieran comido ustedes esas reses cuya muerte lloran los pastores? ¿Sería menos sanguinario de lo que soy si fuera hombre? Por cualquier cosa se pelean y destruyen; ¿qué más lobo para el hombre que el hombre mismo? Bien pensado todo, digo y sostengo que, malvado por malvado, vale más ser lobo que ser hombre, así que no quiero cambios.

Hizo Ulises a todos igual sermón y todos contestaron lo mismo. La libertad, el campo abierto y el obrar a su antojo, eran su mayor delicia, y renunciaron todos a convertirse. Creían emanciparse, siguiendo sus pasiones, cuando eran esclavos de ellas.

Ulises y sus compañeros

Las dos cabras

En cuanto pacen las cabras las primeras yerbas, su carácter inquieto las hace probar fortuna; van a buscar los pastos en los parajes menos frecuentados, y si hay algún sitio sin caminos ni veredas o algún peñasco pendiente sobre negro precipicio, aquel lugar prefieren esas cabras caprichosas. Nada detiene a este animal trepador.

Se dio el caso que dos cabras aventureras, dejando cada una el prado en que pacían, se dirigían casualmente la una hacia la otra. Había al paso un arroyo, y sobre el arroyo una tabla que servía de puente. Apenas hubieran pasado por él dos comadrejas a la vez; y aumentaban el peligro lo profundo del cauce y lo violento del raudal. A pesar de todo, una de las cabras puso la pata delantera en la tabla, y lo mismo hizo la otra.

Me parece ver a Luis el Grande que va al encuentro de Felipe IV en el islote de la Conferencia.

Así avanzaban, paso a paso y frente a frente, nuestras amazonas, que siendo por igual valientes y altivas, ni la una ni la otra quiso ceder el paso. Una de ellas se vanagloriaba de tener entre sus antecesoras a una cabra de singular mérito, que Polifemo regaló a Galatea; y la otra, a la cabra Amaltea, que amamantó a Júpiter. Por no retroceder, sufrieron igual suerte; las dos cayeron al agua.

Este accidente no es nuevo en el camino de la fortuna.

Las dos cabras

El gato viejo y el ratoncillo

Un ratoncillo inexperto quiso ablandar a un gato viejo, implorando su bondad y desarmándolo con razones.

—Déjame vivir —le decía—; un ratoncillo como yo no hace ningún daño a esta casa. No molestaré a los dueños. Me mantengo con un grano de trigo o con una nuez. Ahora estoy flaco; espera un poco y reserva esta presa a tus hijos.

—Te engañas —le contestó el gato—. ¿Para qué me haces estos discursos? Es como si le hablaras a un sordo. ¡Gato viejo y perdonar! Eso no lo verás nunca. Muere, y ve a dirigir tus arengas a las parcas; para mis hijos no faltarán otros alimentos.

Cumplió su palabra, y deduzco, para mi fábula, esta moraleja: la juventud se hace ilusiones y cree lograrlo todo; la vejez es despiadada y dura de corazón.

El ciervo enfermo

Allá, en el país de los ciervos, cayó enfermo uno de ellos. Acudieron de inmediato gran cantidad de compañeros a verlo, a ayudarlo, a consolarlo por lo menos; molesta multitud.

—¡Ah, señores, déjenme morir en paz! —decía—. Permitan que las parcas me despachen en la forma acostumbrada, y cesen los lamentos.

Pero no fue así. Los consoladores cumplieron su deber tan a la larga como creyeron necesario, y no se marcharon hasta que Dios quiso. Pero no lo hicieron sin tomar un bocado, es decir, un pienso, en la pradera del enfermo, que se quedó con las provisiones agotadas. No encontró nada que comer, y este mal fue peor que el otro, pues tuvo que ayunar, y por último, morir de hambre.

¡Cuánto cuestan a quien los llama, médicos del cuerpo y del alma! Y todos reclaman la paga.

El ciervo enfermo

El águila y la urraca

El águila, reina de los aires, y la humilde urraca, distintas en carácter, en inteligencia, en idioma y en figura, atravesaban juntas una pradera. La casualidad las había reunido en aquel alejado lugar. La urraca tenía miedo, pero el águila, que había comido muy bien, la tranquilizó diciéndole:

—Vayamos de compañía. Si el dios de los dioses que gobierna el universo, se aburre muchas veces, bien puedo aburrirme yo, que soy su servidora. Entretenme, pues, sin gastar cumplimientos.

El ave parlanchina comenzó entonces a hablar de todo lo que le vino a la cabeza. Aquel hablador de quien dice Horacio que lo decía todo sin ton ni son, no podía compararse con esta urraca. Ofreció al águila enterarla de todo lo que ocurriera en cualquier lugar, escudriñando hasta el último rincón, siempre vigilante, de acá para allá. Le hizo poca gracia al águila el ofrecimiento, y le dijo encolerizada:

—Estás bien en tu casa, señora urraca. Adiós, y que Dios te cuide; nada tiene que hacer en mi corte una habladora como tú. No me gustan los chismosos.

Y la urraca se fue muy satisfecha.

No es tan fácil como parece entrar en los palacios de las deidades. Este honor a veces cuesta mortales zozobras. Los largos de lengua, espías de faz risueña y de corazón muy distinto, suelen hacerse allí odiosos, aunque vayan vestidos de dos colores, igual que la urraca.

El águila y la urraca

La selva y el leñador

Un leñador perdió o rompió el mango de su hacha, y mientras lo reponía, la selva tuvo algunos días de descanso.

El leñador le suplicó humildemente que le permitiera tomar una sola rama para hacer otro mango; prometió que se iría a ganarse la vida en otra parte, que dejaría en pie esta y aquella encina, este y aquel abeto, que todos admiraban por sus años y su frondosidad.

La inocente selva lo proveyó de nuevas armas. Lo sintió mucho. En cuanto el hacha tuvo mango, se sirvió de ella el leñador para despojar a su bienhechora de sus mejores galas.

Gemía la selva a todas horas; su propio obsequio era el instrumento de su suplicio.

Así procede el mundo; el beneficio se utiliza contra el que lo otorga. Estoy cansado de decirlo. La ingratitud está de moda.

La selva y el leñador

El zorro y los pavos

Un árbol servía de cuartel a unos pavos contra los ataques de un zorro. El pérfido rapaz dio vueltas y más vueltas al cuartel, y viendo a todos los centinelas en su puesto, exclamó:

—¿Se burlarán de mí esos insolentes? ¿Ellos solos escaparán de mis garras? ¡No, no puede ser!

La luna, brillante entonces, favorecía a las aves contra su perseguidor. Pero él, que no era nuevo en las artes del asedio, recurrió a todas sus trampas; fingió que quería subirse al árbol, se levantó sobre sus patas, después se hizo el muerto, y luego el resucitado. No haría tantas mudanzas y ficciones el mismo Arlequín. Levantaba la cola, la hacía relucir a la luz de la luna, y con éstas y otras actuaciones no dejó dormir ni descansar a los pavos. Los fatigaba el enemigo, manteniendo fija su atención en el mismo objeto. Los pobres pavos, debilitados a la larga, iban cayendo, y conforme caían, eran sacrificados. Cerca de la mitad sucumbió; fueron a parar a la despensa del zorro.

Quien fija demasiado la atención en el peligro, suele caer más pronto en él.

El zorro y los pavos

El zorro inglés

Un zorro, viéndose en gran peligro y casi ya en las últimas, pues lo seguían de cerca perros de buena nariz, pasó junto a un patíbulo, del cual pendían, para ejemplar escarmiento, tejones, zorros, búhos y otros animales dañinos.

El zorro, apuradísimo, se agazapó entre aquellos difuntos.

Me parece ver en él al mismo Aníbal, que, acorralado por los romanos, engaña al caudillo enemigo y escapa de sus garras.

Los perseguidores, al llegar al sitio donde el fugitivo se fingía muerto, llenaron los aires de ladridos; el amo los contuvo, sin sospechar aquel engaño, y penso: "Alguna madriguera habrá encontrado. Mis perros no señalan más allá de esos postes, donde están colgados tantos malandrines. ¡Ya caerá!" Y cayó.

Otra ocasión, volvieron a perseguirlo los perros y volvió a esconderse entre los aborcados, pero le salió mal la cuenta, y dejó allí el pellejo; es muy cierto que la mejor treta no hay que repetirla.

El zorro inglés

La liga de las ratas

Un ratón le tenía miedo a un gato que hacía tiempo lo acechaba al paso. ¿Qué hacer? Prudente y cuerdo, consultó a cierta vecina, rata corrida y maestra, que buscó albergue en una buena hostería, y cien veces se había alabado de no temer a ningún gato, ni a gata, y de burlar lo mismo sus uñas que sus colmillos.

—Por más que haga, amigo ratón —le dijo—, yo sola no puedo con el gatazo que te persigue. Pero, reunámonos todas las ratas de las cercanías y le armaré una treta.

La saluda el ratoncillo con profunda reverencia, y corre ella a la despensa, donde muchas ratas congregadas celebraban, a expensas del hostelero, alegre francachela. Llega turbada y jadeante.

—¿Qué tienes? —le pregunta una de las ratas—; habla.

—En cuatro palabras les diré el objeto de mi venida; hay que correr en auxilio del ratón, porque el infame Micifus hace en todas partes horribles estragos. Ese gato endiablado, cuando le falten ratones, atacará a las ratas.

—Tiene razón —dijeron todas—; ¡a las armas! ¡A las armas!

Hubo ratas que derramaron una lágrima, pero no importó; nada detendría tan ambicioso proyecto. Todas se arman y aprestan; todas echan en el morral un pedazo de queso; todas prometen afrontar impávidas el peligro. Iban como a una fiesta, contentas y gozosas, pero el pícaro gato, más listo que ellas, había atrapado ya por la cabeza al ratoncillo. Avanzan a paso redoblado para socorrer al amiguito; el gato, sin soltar la presa, gruñe y se dirige contra la hueste enemiga; al oírlo, las prudentísimas ratas, viéndose ya morir, renuncian a continuar la marcha amenazadora, y haciendo una feliz retirada, se mete cada una en su escondite; ¡hay de aquellas que se atrevan a salir!

La liga de las ratas

Dafnis y Alcimadura

En otros tiempos, una joven beldad despreciaba el poder soberano de los dioses; se llamaba Alcimadura, quien altanera y arisca, corría sin cesar por la selva, brincaba por los prados, danzaba sobre la verde alfombra, y no conocía más leyes que su capricho; por lo demás, igualaba a las más hermosas, a la vez que superaba a las más crueles; nada había en ella que no enamorase, hasta sus mismos desdenes; ¡cómo hubiera, pues, embelesado al conceder sus favores! El joven y gallardo Dafnis, pastor de noble raza, la amó, para mal; ni la menor señal de correspondencia obtuvo nunca de aquel despiadado corazón; ni una mirada, ni una palabra. Cansado de su inútil porfía, sólo pensaba en morir. Lo hizo acudir la desesperación a la puerta de la inhumana. Pero ¡ay!, tuvo que contar sus penas a los aires; no se dignaron abrirle aquella casa fatal, donde la ingrata celebraba el día de su natalicio, con sus compañeras, uniendo a las flores de su hermosura las de los campos y jardines.

—Quería morir a tus ojos —exclamaba el infeliz—, pero te soy demasiado odioso, y no me sorprende que me niegues, como todo cuanto te pedí, este funesto placer. Mi padre está encargado de poner a tus pies, cuando yo muera, la herencia que has desdeñado. Quiero añadir todos mis ganados y mis pastos, y mi perro también, y que del resto de mis bienes costeen mis amigos un templo, donde se venere tu imagen, renovando todos los días las flores en el altar. Junto a ese templo tendré humilde sepultura; grabarán en ella: "Dafnis murió de amor. Detente, pasajero, llora y di: Sucumbió el pobre al rigor de Alcimadura".

Al pronunciar estas palabras, se sintió herido por la parca; hubiera proseguido, pero no lo dejó continuar el dolor. La ingrata salía, engalanada y triunfante; quisieron detenerla, para consagrar algunas lágrimas al triste fin de su enamorado, pero fue inútil; insultó siempre al hijo de Citerea, conduciendo aquella misma tarde a sus compañeras, para bailar en torno de la efigie, burlando sus leyes. Cayó entonces un dios sobre ella y la aplastó con su peso; sonó al mismo tiempo entre las nubes esta voz, que repitieron los ecos: "Amen todos ahora; murió la insensible".

La sombra de Dafnis se estremeció en la Estigia cuando la vio llegar.

Dafnis y Alcimadura

El juez de paz, el hospitalario y el solitario

Tres santos varones, igualmente ansiosos de su salvación, animados por el mismo deseo, buscaban el mismo fin. Tomaron caminos diferentes; dicen que por todas partes se va a Roma; no es extraño entonces que nuestros tres aspirantes eligieran tres distintas sendas.

Uno de ellos, conmovido por los afanes, impaciencias y dificultades que ocasionan los pleitos, se ofreció a juzgarlos sin ninguna paga, poco interesado en hacer fortuna. Desde que hay leyes, se ve condenado el hombre, para purgar sus pecados, a pasar en pleitos la mitad de su vida, ¿qué digo la mitad? Tres cuartas partes de ella, como no sea toda. El conciliador creyó que pondría fin a esa loca y detestable afición.

Al segundo de nuestros santos le dio por los hospitales. Le alabo el gusto; aliviar a la humanidad doliente es caridad que prefiero a cualquier otra. Los enfermos de aquel tiempo, iguales a los nuestros, apuraban al pobre hospitalario, malhumorados, impacientes y quejumbrosos. "Atiende con preferencia a fulano o a zutano; esos son sus favoritos; a los demás, nos abandona", decían.

Pero estas quejas no eran nada comparadas con los aprietos en que se veía el arreglador de pleitos; nadie estaba contento; la sentencia arbitral no agradaba a una parte ni a la otra; aquel juez no mantenía en su punto la balanza de la justicia. Cansado de oír estos clamores, corrió a los hospitales en busca de su compañero; afligidos de no recoger más que censuras y murmuraciones, los dos dejaron su empleo, y fueron a confiar sus penas a la soledad del yermo. Allí, bajo ásperas rocas, junto a una fuente cristalina, en rústico albergue respetado de los vientos e ignorado del sol, encuentran al otro santo, y le piden consejo.

—Hay que tomarlo de ustedes mismos —les dice—. ¿Quién sabrá mejor sus necesidades? Conocerse a sí mismos es la obligación primera que impone a todo mortal la majestad divina. ¿Han podido conocerse en el mundo de los hombres? Sólo se logra eso en lugares completamente tranquilos; buscar ese bien en otra parte es el mayor de los errores. Enturbien el agua; ¿se ven en ella? Muevan la de esta fuente.

—¿Cómo hemos de vernos en sus cristales alterados, el cieno es espesa nube que oponemos a su transparencia.

—Dejen reposar el agua, hermanos míos, y verán otra vez la imagen. Para conocerse mejor, quédense en el desierto.

Así habló el solitario; le dieron crédito y siguieron su saludable ejemplo.

No por eso debemos desechar toda profesión, puesto que hay que pelear, enfermar y morir. Son necesarios los médicos y los abogados; estos auxiliares no nos faltarán nunca, gracias a Dios; me lo hacen creer el lucro y los honores. Pero en el movimiento de esas profesiones, suele olvidarse el hombre de sí mismo. Ustedes, los que están atentos a los negocios públicos, príncipes, ministros y magistrados, que son a cada paso víctimas de siniestros accidentes; a quienes abate la desgracia y corrompe la fortuna; no se conocen bien; no conocen bien a nadie. Si alguna que otra vez piensan en ello, viene un adulador y los interrumpe.

El juez de paz, el hospitalario y el solitario

Índice

TÍTULOS DE ESTA COLECCIÓN

Ilustraciones por Gustave Doré

Cuentos de Perrault

El Cuervo / La Balada del Anciano Marinero

El Ingenioso Hidalgo Don Quijote de la Mancha I

El Ingenioso Hidalgo Don Quijote de la Mancha II

El Paraíso Perdido

Gargantúa y Pantagruel

La Biblia. El Antiguo Testamento

La Biblia. El Nuevo Testamento

La Divina Comedia. El Infierno

La Divina Comedia. El Paraíso

La Divina Comedia. El Purgatorio

Las Cruzadas I

Las Cruzadas II

Las Fábulas de La Fontaine

Orlando Furioso

Impreso en los talleres de
Trabajos Manuales Escolares,
Oriente 142 No. 216
Col. Moctezuma 2a. Secc.
Tels. 5 784.18.11 y 5 784.11.44
México, D.F.